Aus

Görings Schreibtisch

Ein Dokumentenfund

Dietz Verlag Berlin

Bearbeitet von T. R. Emessen

Diese Ausgabe fußt auf der 1947 im Allgemeinen Deutschen Verlag Berlin innerhalb der Reihe „Historisches Kabinett" unter demselben Titel erschienenen Erstveröffentlichung. Der Text ist identisch. Lediglich die Zahl der Faksimiles wurde wegen der unzureichenden Wiedergabequalität von einigen der in der Ausgabe von 1947 abgebildeten Originaldokumente reduziert.

Aus Görings Schreibtisch : e. Dokumentenfund /
Bearb. von T. R. Emessen. –
Berlin : Dietz Verl., 1990. – 127 S. : 11 Faks.

ISBN 3-320-01587-7

Mit 11 Faksimiles

Lizenznummer 1·LSV 0266
Umschlag: Peter Schulz
Typographie: Uwe Niekisch
Printed in the German Democratic Republic
Gesamtherstellung: Graphischer Großbetrieb Pößneck GmbH
Reproduktionsaufnahmen:
Dietz Verlag/Renate und Horst Ewald
Best.-Nr. 738 855 9
13,80 DM

Inhaltsverzeichnis

Verzeichnis der Dokumente

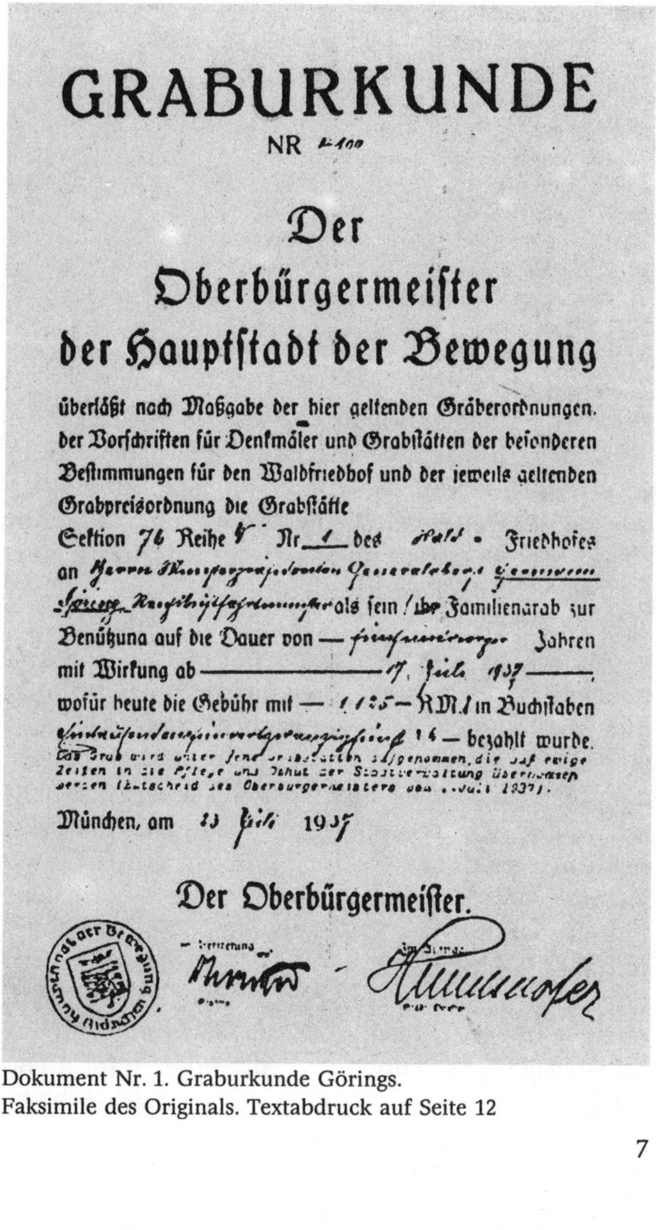

GRABURKUNDE

NR [illegible]

Der
Oberbürgermeister
der Hauptstadt der Bewegung

überläßt nach Maßgabe der hier geltenden Gräberordnungen, der Vorschriften für Denkmäler und Grabstätten der besonderen Bestimmungen für den Waldfriedhof und der jeweils geltenden Grabpreisordnung die Grabstätte

Sektion 76 Reihe [illegible] Nr 1 des [illegible] - Friedhofes
an [illegible]
[illegible] als sein / ihr Familiengrab zur
Benützung auf die Dauer von — [illegible] Jahren
mit Wirkung ab ——— 17. Juli 1937 ———,
wofür heute die Gebühr mit — 1125 — RM. / in Buchstaben
[illegible] — bezahlt wurde.

Das Grab wird unter jene Grabstätten aufgenommen, die auf ewige Zeiten in die Pflege und Schutz der Stadtverwaltung übernommen werden (Entscheid des Oberbürgermeisters vom . Juli 1937).

München, am 23 Juli 1937

Der Oberbürgermeister.

Hauptstadt der Bewegung

Dokument Nr. 1. Graburkunde Görings.
Faksimile des Originals. Textabdruck auf Seite 12

Das nazistische „Prinzip“

Dokumente der nationalsozialistischen Schreckensherrschaft sind seit dem Zusammenbruch in Fülle veröffentlicht worden, zumal im Zusammenhang mit dem Prozeß gegen die Hauptkriegsverbrecher in Nürnberg. Sie haben auch denen die Augen geöffnet, die sie bisher krampfhaft geschlossen hielten.

Die Schriftstücke, die auf den folgenden Seiten veröffentlicht werden, tragen ein eigenes Gesicht. Sie sind in Görings Amtszimmer gefunden worden und entstammen den Jahren 1937 und 1938, also einer Zeit, in der weite Kreise des deutschen Volkes, aber auch gewisse Gruppen des Auslandes sich über die wahre Marschroute des Nationalsozialismus noch nicht klar waren. Innenpolitisch waren zwar wichtige Forderungen seines „unveränderlichen“ Parteiprogramms von 1920 noch nicht in Angriff genommen; weder die Brechung der Zinsknechtschaft, noch die Verstaatlichung der bereits vergesellschafteten Betriebe (Trusts), noch die Gewinnbeteiligung an Großbetrieben, noch auch die Bodenreform waren durchgeführt. Aber die Beseitigung der Arbeitslosigkeit durch die Aufrüstungsmaßnahmen und die scheinbare Hebung des Lebensniveaus hatten die Massen geblendet; sie konnten infolgedessen nicht sehen, daß fundamentale Grundsätze des Programms längst aufgegeben waren. Außenpolitisch wußte sich der Nazismus trotz aller seiner Provokationen den Anschein eitler Friedensliebe zu geben, seine mehr oder weniger offen betriebene Rüstung entsprang, angeblich und getarnt, rein defensiven Absichten.

Demgegenüber zeigt sich in diesen Dokumenten das Hitler-Regime ohne Maske. Es wird aus ihnen erschreckend klar, daß die „Hoheitsträger", bei Hitler und Göring angefangen, an die im Parteiprogramm verkündeten Grundsätze weder selbst glaubten noch sich hielten, daß vielmehr Prinzipienlosigkeit ihr einziges Prinzip gewesen ist. Alles erlaubten sie sich, und alles war erlaubt, wenn es nur nicht ihrem einzigen Ziele im Wege stand, der Vorbereitung und Führung des imperialistischen Krieges, den sie brauchten, um sich persönlich an der Macht zu halten. Denn Herrschsucht war das treibende Motiv ihres Denkens und Handelns; Herrschsucht, verbunden mit Habsucht und Genußsucht. Darin trafen sich die Naziführer mit ihren Auftraggebern, den Führern der Wirtschaft, den profitgierigen Industriellen und Bankiers, die auch einen zweiten Weltkrieg gewissenlos in ihre Geschäfte einkalkulierten; ihnen sekundierten charakterlose Diplomaten, die angeblich für Deutschlands Größe ihre verlogenen Kniffe anwandten, in Wirklichkeit aber nur ihren Geltungshunger befriedigen wollten. Um sie sammelte sich das ganze Gesindel der Stellenjäger und Speichellecker, der Mitläufer und Nutznießer.

Das nazistische Sittengemälde aus Korruption, Eitelkeit, Arroganz, Unfähigkeit und Überheblichkeit tritt auch in diesen Dokumenten zutage. Die weit zurückliegenden Hintergründe des imperialistischen Krieges werden weiter aufgehellt und zum Teil neu beleuchtet.

Was aber jeden unbefangenen Leser so besonders empören wird, ist die Bekräftigung der Tatsache, daß die sogenannte nationalsozialistische Weltanschauung, wie sie etwa im Programm der NSDAP, in Hitlers „Mein Kampf" und in Rosenbergs „Mythus des zwanzigsten Jahrhunderts" so emphatisch verkündet wurde, nur vorgetäuscht war. Es gab keine nationalsozialistische Weltanschauung. Es gab eine Clique abgefeimter Minderwertiger, die unter Hintansetzung jeder Menschenwürde, unter Ausnutzung aller bösen Instinkte Schindluder mit der Nation und der Menschheit spielten, bis die Nemesis der Geschichte sie ereilte.

Der Wiederholung eines solchen Regimes vorzubeugen, muß die Anstrengung aller Gutgesinnten sein. Diesem Ziele dient auch die Veröffentlichung der Dokumente „Aus Görings Schreibtisch".

Auf ewige Zeiten

An die Spitze unserer Veröffentlichung stellen wir Hermann Görings Graburkunde, als Titelbild und als Symbol. Der Oberbürgermeister der „Hauptstadt der Bewegung" hat sie am 23. Juli 1937 ausgefertigt, zur Zeit, da Göring als Beauftragter des Vierjahresplanes den Weltkrieg vorbereitete, an demselben Tage, als er seine „Reichswerke" gründete und auf der Höhe seines Einflusses stand. Die Urkunde bedient sich der üblichen vorgedruckten Formeln und gilt danach für 45 Jahre. Aber typisch nationalsozialistisch ist der in Schreibmaschinenschrift hinzugefügte Satz: „Auf ewige Zeiten" wird das Familiengrab „in die Pflege und Obhut der Stadtverwaltung übernommen". Welche Provokation der Weltgeschichte! Es ist dieselbe ungeheuerliche Überheblichkeit, die das Reich der Nazis zu einem tausendjährigen machen wollte. Aber noch zwei andere Symptome liegen in diesem Zusatz. Einmal die groteske Überschätzung der geschichtlichen Bedeutung eines Mannes wie Göring, über den ja sogar seine eigenen Parteigenossen immer abschätziger zu urteilen gelernt haben. Dann aber auch die widerliche Beweihräucherung, die der Oberbürgermeister Münchens mit diesem amtlichen „Entscheid" vornahm: „auf ewig", schrieb er; und konnte doch nicht einmal die Zertrümmerung seiner Stadt innerhalb der nächsten acht Jahre voraussehen.

Dokument Nr. 1

Graburkunde Görings

Graburkunde
Nr. 4100

Der Oberbürgermeister
der Hauptstadt der Bewegung

überläßt nach Maßgabe der hier geltenden Gräberordnungen, der Vorschriften für Denkmäler und Grabstätten, der besonderen Bestimmungen für den Waldfriedhof und der jeweils geltenden Grabpreisordnung die Grabstätte Sektion 76, Reihe 4, Nr. 1 des Wald-Friedhofes an Herrn Ministerpräsidenten Generaloberst H e r m a n n G ö r i n g – Reichsluftfahrtminister als sein Familiengrab zur Benützung auf die Dauer von – fünfundvierzig Jahren mit Wirkung ab – – – 17. Juli 1937 – – –, wofür heute die Gebühr mit 1125 RM – in Buchstaben: Eintausendeinhundertzwanzigfünf Reichsmark – bezahlt wurde. Das Grab wird unter jene Grabstätten aufgenommen, die auf ewige Zeiten in die Pflege und Obhut der Stadtverwaltung übernommen werden (Entscheid des Oberbürgermeisters vom 1. Juli 1937).

München, am 23. Juli 1937.

Der Oberbürgermeister

	In Vertretung:	*Im Auftrag:*
	Unterschrift	*Unterschrift*
(Stempel)	*Stadtrat*	*Städt. Direktor*

Butter statt Kanonen

Dieser Mann, dessen Asche inzwischen in alle Winde zerstreut wurde, damit sie nicht von Kumpanen oder Irregeführten, die nicht alle werden, „auf ewige Zeiten“ in Obhut genommen werden kann, hat zu Lebzeiten nach Kräften dafür gesorgt, daß Erz für die Kanonen seines imperialistischen Krieges gefördert wurde. Er gab bekanntlich dafür die Parole aus „Kanonen statt Butter“ und drosselte die Fettrationen für die Bevölkerung, aber beileibe nicht die für sich. Er pflegte zwar bereits in diesen Jahren der Rüstung zu sagen: „Ich bin auch schon dünner geworden“; aber sein wachsender Leibesumfang strafte ihn Lügen, so daß die Propaganda damals verbreiten mußte, er leide an chronischer Fettsucht. Daß dem nicht so war, sondern der mit der Rüstung beauftragte Vertrauensmann Hitlers in seinem persönlichen Einzelfall eine Ausnahme machte, beweist – neben der Tatsache, daß er in der Haft sehr wohl abzunehmen verstand – eine in dem Dokumentenbündel gefundene „Endabrechnung“ seines Kochs über Nahrungsmittellieferungen an das Haus Göring in drei Vierteljahren des Jahres 1937. Danach hat sein Privathaushalt monatlich durchschnittlich für rd. 4000,– RM Lebensmittel, und davon in erheblichem Umfange Fleisch und Fett verbraucht; wie aus der Angabe der Lieferanten zu entnehmen ist.

Dokument Nr. 2
Abrechnung für Görings Koch

Endabrechnung Koch Krüger

Aufstellung über die in der Zeit vom 1.1. bis 30. 9. 1937 an Krüger gezahlten Beträge

Datum		*Betrag*
12. 1. 1937	RM	1000,—
4. 2. 1937		4000,—
15. 2. 1937		3000,—
13. 3. 1937		3000,—
3. 4. 1937		1500,—
10. 4. 1937		2000,—
20. 4. 1937		1600,—
4. 5. 1937		2000,—
26. 5. 1937		3000,—
18. 6. 1937		5000,—
24. 7. 1937		2000,—
17. 8. 1937		7000,—
3. 9. 1937		1000,—
10. 9. 1937		1000,—
Gesamt:	RM	37100,—

Aufstellung über die in der Zeit vom 1. 1. bis 30. 9. 1937 erfolgten Lieferungen

Lieferzeit (Monat)		*Betrag*
Januar (Rominten)	RM	329,57
Januar (Berlin)		2690,94
Februar	„	3297,48
März	„	3930,74
April	„	4246,36
Mai	„	3974,33
Juni	„	4017,17
Juli	„	5451,94
August	„	1822,90
September	„	5891,21
August (Berchtesgad.)		946,88
September (Rominten)		414,69
Wustrow (Manöver)		26,55
Restforderg. Dez. 1936		1165,02
Gesamtausgabe:	RM	38205,98

Dem an Krüger in der Zeit vom 1. 1. 1937 bis 30. 9. 1937 ausgehändigten Betrag in Höhe von		RM 37100,–
stehen für die gleiche Zeit Ausgaben in Höhe von		38205,98
gegenüber.		
Es ergibt sich somit rein rechnerisch		RM 38205,98
	–	37100,–
für Krüger eine Gutschrift in Höhe von		RM 1105,98

Dieser angeblichen Gutschrift stehen für die gleiche Zeit jedoch noch folgende Forderungen entgegen:		
a) bei der Firma Nicolia, Berlin (Fleischlieferant)		
Lieferung Juli 1937 mit	RM 133,93	
„ Aug. 1937 „	180,66	
„ Sept. 1937 „	804,23	RM 1118,82
b) Bei der Firma Rollenhagen, Berlin Restsumme aus der Lieferung Juli 1937	RM 965,75	
Lieferung Aug. 1937 mit	1449,73	
„ Sept. 1937 „	5019,64	RM 7435,12
Mithin Gesamtforderung		RM 8553,94
Abzüglich der Gutschrift in Höhe von		1105,98
Bleibt ein Gesamtfehlbetrag in Höhe von		RM 7447,96

Höchstgehalt: Tausend Mark

Ein Hauptprogrammpunkt der nazistischen Werbeversammlungen war die scharfe Ansage eines Kampfes gegen die hohen Gehälter, die die angeblich „nur nach Parteigesichtspunkten ohne Rücksicht auf Charakter und Fähigkeiten" (sog. Parteiprogramm Punkt 6) eingesetzten Stellenträger in Staatsdiensten der Weimarer Republik sich selbst ausgesetzt haben sollen. Kein Beamter sollte im Dritten Reich mehr als 1000 Mark monatlich beziehen dürfen. Mit diesem Versprechen wurden insbesondere die Angehörigen des Mittelstandes gewonnen, die Handwerker, die kleinen Gewerbetreibenden, die unteren Beamten und die schlecht besoldeten Volksschullehrer. Brausender Beifall erscholl an dieser Stelle immer in den Massenversammlungen.

Dazu kam die alte Forderung nach Steuergerechtigkeit, die besonders von dem allgewaltigen Staatssekretär im Reichsfinanzministerium, Reinhardt, betrieben wurde.

Diese Grundsätze galten natürlich nicht für die führenden Nazis und erst recht nicht für Göring. Für seine gewaltigen Einkünfte unterhielt er ein besonderes Steuerbüro, aus dessen Schriftwechsel sich unter den Dokumenten gleichfalls bezeichnende Stücke finden. Die darin beschäftigten Spezialisten für Steuerhinterziehung gerieten sich gelegentlich in die Haare. Besonders charakteristisch und beispielhaft sind aber daneben die amtlichen Steuerbescheinigungen des Preußischen Staatsministeriums für

Göring als Ministerpräsident und des Reichsluftfahrtministeriums für ihn als Reichsluftfahrtminister. Danach hat Göring allein für diese beiden Ämter – er hatte aber noch zahllose andere, gleichfalls besoldete, inne, darunter das Amt des Reichstagspräsidenten und des Reichsforstmeisters – jährlich insgesamt 43956 RM erhalten; davon waren 18000 RM als „Aufwandsentschädigung" steuerfrei. Von dem Gehalt als preußischer Ministerpräsident in Höhe von jährlich 15795 RM zahlte er ganze 190 RM Steuern, von dem Gehalt als Reichsluftfahrtminister in Höhe von jährlich 28160 RM nur 10 Prozent = 2832 RM.

Hierbei ist zu bedenken, daß die Einkünfte Görings aus Amtsstellungen nur eine Art Trinkgeld darstellten. Sein Haupteinkommen entstammte Geschäften, insbesondere Beteiligungen an der Industrie, und – „Geschenken".

Dokument Nr. 3

Einkommensbescheinigung für den Reichsluftfahrtminister Göring

Bescheinigung

Herr Gen.-Oberst Göring vom Reichsluftfahrtministerium hatte in der Zeit von 1. 1. 36 bis 31. 12. 36 ein steuerpflichtiges Bruttoeinkommen von

28160,40 RM[1]*. Davon wurden 2832,96 RM an Lohnsteuern einbehalten und an das zuständige Finanzamt abgeführt.*

Berlin, den 22. Februar 1937

Gebührnisstelle
des Reichsluftfahrtministeriums
Rohsner

Dokument Nr. 4
Lohnzettel für den Ministerpräsidenten Göring

Lohnzettel

Gemäß §48 der Lohnsteuerdurchführungsverordnung für — — — das Kalenderjahr 1936 — — — die Zeit vom . . . . . 193 . . . . . bis . . . . .

Göring, Hermann, Ministerpräsident, Generaloberst
(Familien- und Vorname) (Beruf)

in Berlin W 8, Leipziger Platz 11a Platz Nr.
Straße

Finanzamt Mitte (43/323/1936) Nr. der Steuerkarte 43/309/1937 hat für den oben angegebenen Zeitabschnitt von dem Unterzeichneten erhalten:

1. an laufenden Bezügen ohne Abzüge 2595,72 RM

1 In diesem Betrag sind 4800,– RM Aufwandsentschädigung enthalten, die nicht der Lohnsteuer unterliegen.

2. *an sonstigen einmaligen Bezügen, insbesondere (Tantiemen, Gratifikationen usw. 1)*	___
3. *an Sachbezügen (Wohnung, Kost, Licht, Heizung, Kleidung usw.)*	___
4. *an Dienstaufwandsentschädigungen, ohne Abzüge . . . .*	*13200,— RM*
5. *an sonstigen Beträgen, auch soweit sie nicht für steuerpflichtig gehalten werden.*	___
zusammen	*15795,72 RM*
Die einbehaltene Lohnsteuer beträgt	*190,32 RM*

An
das Finanzamt Mitte
in Berlin
(Am Weidendamm 1a)

Die Richtigkeit bescheinigt:
Berlin, den 25. Januar 1937
(Stempel und Unterschrift)

Der Körper braucht mehr Raum als die Seele

Freilich hatte der geplagte Mann auch eine Menge Unkosten und nicht nur für Fleisch- und Fettwaren. Man denke an Carinhall, sein Märchenschloß in der Schorfheide. Zur Ausstattung dieses „Anwesens" hatte er sich alle ihm bekannten Lustschlösser zu Vorbildern genommen, vor allem die sagenhafte Besitzung des schwedischen Arztes und Schriftstellers Axel Munthe auf der Insel Capri, die den Titel für ein auch in Deutschland vielgelesenes Buch hergab: San Michele. Göring ist wiederholt Gast Munthes in

San Michele gewesen. Die Eigenart und die Kunstschätze dieses berühmten Ruhesitzes haben auf Göring selbstverständlich großen Eindruck gemacht. Über die Besuche Görings brachten die ausländischen Zeitungen damals sensationelle Mitteilungen, die dem internationalen Ansehen Munthes nicht gerade nutzten. Er beeilte sich, sie zu dementieren, und übermittelte Göring eine Kopie seines Schreibens an seinen deutschen Verleger (Dokument 6). Dabei bot er Göring seine Villa auf Capri als Erholungsaufenthalt „zur Leihe" an (Dokument 5).

Dokument Nr. 5

Brief Munthes an Göring[2]

Solliden, August 20. [1937]

An Seine Exzellenz General Göring!

Ich erlaube mir, Ihnen anbei Abschrift meines Schreibens an die deutschen Verleger meines Buches, Paul List, Leipzig, zu senden. Der Brief spricht für sich selbst und ist jeder weitere Kommentar überflüssig.

Ich bleibe hier als Gast des Königs noch einen weiteren Monat und hoffe im Laufe des Oktobers wieder in meinem alten Turm in Anacapri zu sein. Ich hoffe, daß Euer Exzellenz mich mit einem weiteren und längeren Besuch beehren werden, wenn Sie das nächste Mal zu „Gottes eigener Insel" kommen. Sie erzählten mir, daß Sie alte Türme lieben. Ich kann noch zwei

2 Übersetzung des englischen Originals aus Görings Büro. – Faksimile des Originalbriefs Seite 21.

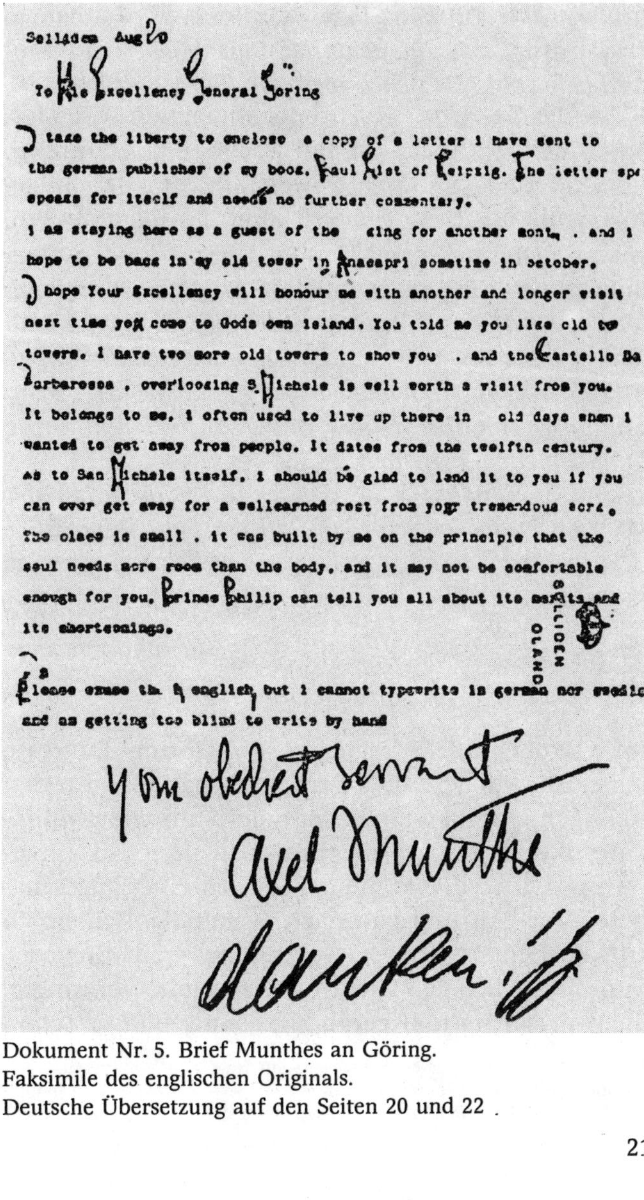

Solliden Aug 20

To His Excellency General Göring

I take the liberty to enclose a copy of a letter I have sent to the german publisher of my book, Paul List of Leipzig. The letter speaks for itself and needs no further commentary.

I am staying here as a guest of the King for another month, and I hope to be back in my old tower in Anacapri sometime in October.

I hope Your Excellency will honour me with another and longer visit next time you come to Gods own island. You told me you like old towers. I have two more old towers to show you, and the Castello Barbarossa, overlooking S. Michele is well worth a visit from you. It belongs to me, I often used to live up there in old days when I wanted to get away from people. It dates from the twelfth century. As to San Michele itself, I should be glad to lend it to you if you can ever get away for a wellearned rest from your tremendous work. The place is small, it was built by me on the principle that the soul needs more room than the body, and it may not be comfortable enough for you. Prince Philip can tell you all about its merits and its shortcomings.

SOLLIDEN ÖLAND

Please excuse the english but I cannot typewrite in german nor swedish and am getting too blind to write by hand

Your obedient servant

Axel Munthe

Dokument Nr. 5. Brief Munthes an Göring.
Faksimile des englischen Originals.
Deutsche Übersetzung auf den Seiten 20 und 22.

weitere alte Türme zeigen, desgleichen „Castello di Barbarossa" mit Aussicht auf San Michele, welches wirklich Ihres Besuches wert ist. Es gehört mir, ich habe oft dort früher gelebt, wenn ich fern von Menschen sein wollte. Es stammt aus dem zwölften Jahrhundert. Was San Michele anbetrifft, so würde ich es Ihnen nur zu gerne leihen, wenn Sie mal wieder zu einem wohlverdienten Urlaub kommen nach Ihrer außerordentlich großen Arbeit. Das Haus ist klein, es war von mir aus dem Empfinden heraus gebaut worden, daß die Seele mehr Raum braucht als der Körper, und es mag nicht behaglich genug für Sie sein. Prinz Philipp[3] kann Ihnen über seine Vorzüge und Unzulänglichkeiten berichten.

Bitte entschuldigen Sie, daß ich in Englisch schreibe, aber ich kann deutsch nicht auf der Schreibmaschine und werde zu blind, um handschriftlich schreiben zu können.

Ihr sehr ergebener
Axel Munthe[4]

Im Oktober 1937 fragte er, ob Göring Interesse habe, San Michele zu erwerben. Er halte ihn für den richtigen Mann an Stelle der amerikanischen Millionäre, die als einzige Qualifikation ihr Geld aufzuweisen hätten (Dokument 7). Göring verlangte nähere Angaben und gab nach Erhalt (Dokument 8) aufschiebende Antwort (Dokument 9). Sichtlich war ihm San Michele, wie Munthe schon vermutete, nicht großartig und geräumig genug, und er schob

3 Prinz Philipp von Hessen, Schwiegersohn des Königs von Italien, Oberpräsident der Provinz Hessen-Nassau.

4 Handschriftliche Bemerkung Görings unter dem Brief: *„danken! Gg."*

Devisenschwierigkeiten vor, die er in anderen Fällen – einen werden wir noch erwähnen – spielend überwunden hat.

Dokument Nr. 6

Brief Munthes an seinen deutschen Verleger[5]

[25. August 1937]

An den Verlag Paul List, Leipzig

Nachdem ich von Ihnen darüber informiert worden bin, daß einige deutsche Zeitungen den Artikel einer französischen Zeitung wiedergegeben haben, der ein Interview mit mir über den kürzlichen Besuch des General Göring in Capri enthält, bevollmächtige ich Sie, festzustellen, daß dieses Interview eine böswillige Erfindung von Anfang bis zu Ende ist. Durch traurige Erfahrung belehrt, habe ich niemandem in den letzten zwei Jahren mehr ein Interview gegeben.

Axel Munthe

5 Übersetzung des englischen Originals aus Görings Büro. Das Original befindet sich unter den Dokumenten. Es ist datiert vom 25. August 1937.

Dokument Nr. 7

Brief Munthes an Göring

Übersetzung des englischen Originals[6]

[25. 10. 1937]

Seiner Exzellenz General Göring

Entschuldigen Sie, bitte, daß ich englisch schreibe, aber ich beherrsche deutsch nicht auf der Schreibmaschine und bin jetzt zu blind, um handschriftlich zu schreiben. Als ich von Prinz Philipp gefragt wurde, ob ich bereit wäre, San Michele zu verkaufen, habe ich ihm versprochen, Sie wissen zu lassen, falls ich dies beabsichtige. Auf Grund meiner fortschreitenden Erblindung habe ich mich nunmehr entschlossen, mich von meinem so geliebten alten Heim zu trennen, vorausgesetzt, daß ich den richtigen Mann finde. Der Eindruck, den ich von Ihnen während unseres kurzen Treffens hier hatte, war, daß Sie dieser richtige Mensch sein möchten und daß ich San Michele lieber Ihnen überlassen würde als irgend einem der vielen Liebhaber dieses Platzes, welche mich seit Jahren mit Kaufangeboten überschütten zu mehr oder weniger märchenhaften Summen. Das letzte Angebot erreichte mich gerade gestern von einer der größten Filmgesellschaften in Amerika. Für mich handelt es sich hier nicht um die Frage des Geldes, da ich alles habe, was ich persönlich brauche, und beabsichtige, die gesamte Summe, die ich aus dem Verkauf bekomme, an die Armen zu geben, an meine alten Freunde, die Lappländer, und für die Tiere.

6 Aus Görings Büro. Das Original befindet sich unter den Dokumenten.

Es gibt in der ganzen Welt keinen Platz gleich San Michele, und viele seiner kostbaren Kunstwerke sind einzigartig. Vor über 20 Jahren bot mir ein amerikanischer Händler für die Sphinx allein 10000 Pfund. Was immer in dieser unserer gequälten Welt passieren mag, der Wert von San Michele und seinen unbezahlbaren Gütern wird von Jahr zu Jahr steigen. Eine sicherere Kapitalsanlage kann nicht gefunden werden. Auch kann man in der ganzen Welt keinen idealeren Hafen der Ruhe für Seele und Körper finden, besonders für einen Mann mit Ihrer enormen Arbeitslast und Verantwortung. Bevor ich Einzelheiten angebe, bitte ich Euer Exzellenz, mir sobald als möglich Bescheid zu geben, ob Sie immer noch beabsichtigen, der Eigentümer von San Michele zu werden. Ich werde erst Ihre Antwort abwarten, bevor ich weitere Schritte bezüglich eines eventuellen Verkaufes unternehme.

Ihr sehr ergebener
Axel Munthe

Dokument Nr. 8

Brief Munthes an Göring[7]

Torre di Materita Anacapri,
17. November [1937]

Lieber General Göring!

Ich danke Ihnen für Ihr Telegramm. Wie ich Ihnen bereits in meinem letzten Brief schrieb, habe ich mich infolge meiner fortschreitenden Erblindung, wenn

7 Übersetzung des englischen Originals aus Görings Büro. Das Original befindet sich unter den Dokumenten.

auch schweren Herzens entschlossen, San Michele zu verkaufen, wenn ich den richtigen Mann finden könnte, und daß ich mein geliebtes altes Heim lieber Ihnen übergebe als einem dieser amerikanischen Millionäre, die keine anderen Qualifikationen zur Erlangung dieses einzigartigen Platzes besitzen als ihr Geld. Ich selber will für mich gar kein Geld, ich habe genug zum Leben, bis ich sterbe, und ich habe keinen Wunsch, etwas zu besitzen, was ich durch Geld erkaufen könnte. Die ganze Summe würde denselben Weg wie meine Einnahmen aus meinem Buch gehen, nämlich an die Armen dieser Insel und Schwedens, nicht zu vergessen meine speziellen Freunde, die Lappländer, und zum Wohle der Tiere. Während meiner 30jährigen Praxis als Arzt habe ich alle meine Einnahmen dazu benutzt, um aus San Michele das zu machen, was es heute ist, unbekümmert um Ausgaben, und zwar oft ohne Zweifel in einer etwas leichtsinnigen Art. Mit unendlichen Schwierigkeiten habe ich vor etwa 40 Jahren Castello Barbarossa gekauft und sehr große Summen dazu verwendet, um die eingefallenen Wände zu restaurieren und eine kleine Einsiedelei zu bauen, wo ich viele Monate in vollständiger Einsamkeit gelebt habe; wahrscheinlich waren dies die glücklichsten Tage meines arbeitsreichen Lebens. Ich besitze keine detaillierten Abrechnungen über das, was mich San Michele und Barbarossa während all dieser Jahre fast ununterbrochener Arbeit gekostet haben. Aber sicher ist, daß die Summe nicht weniger als 500000 schwedische Kronen betragen hat. Höchstwahrscheinlich war die Summe aber noch höher. Wenn Sie eine Möglichkeit sehen, mir diesen Betrag, den ich ausgegeben habe, zurückzuzahlen, bin ich gern bereit, Ihnen mein geliebtes altes Heim, so wie es heute dasteht, mit all seinen Antiquitäten, Kunstgegenständen und Mobiliar – von denen viele Sachen mit keinem Preis der Welt gekauft werden könnten – zu übereignen. Das eigentliche Haus ist ohne Zweifel zu klein für Sie. Es war von mir unter dem Grundsatz gekauft worden, daß die Seele mehr Raum braucht als der Körper. Aber es gibt genug Raum, um die Villa zu vergrößern. Die große Terrasse am Ende des Gartens, wo ich mal die Absicht hatte, ein offenes griechisches Theater zu bauen, ist zum Bau eines Gästehauses vorzüglich geeignet, und der ganze Berg des Barbarossa dahinter ermöglicht die Vergrößerung des Geländes, falls gewünscht. Es mag Sie interessieren zu hören, daß Prof. Maiuri, Direktor of the Scavi di Pompeji[8]*, kürzlich eine Veröffentlichung herausgegeben hat, in der er meine in meinem Buch zum Ausdruck gebrachte Ansicht bestätigt, daß die beiden romanischen Zimmer, welche unter der Kapelle von mir entdeckt wurden, einen Teil einer Villa des Augustus darstellen und nicht, wie früher geglaubt wurde, von Tiberius.*

Ich bitte Sie nun, nachdem Sie meinen Brief gelesen haben, mir recht bald mitzuteilen, ob Sie gewillt sind, weiter in dieser Angelegenheit mit mir zu verhandeln. Meine Blindheit wird immer unangenehmer und aller Wahrscheinlichkeit muß ich mich sehr bald einer anderen Operation in Zürich unterziehen, welche, wenn Gott mir Gnade erweist, wenigstens mir das Sehen auf einem Auge ermöglicht, ich kann dadurch aber auch vollkommen blind werden. Ich möchte daher San Michele, bevor ich es hier verlasse, Lebewohl sa-

8 Leiter der Ausgrabungen von Pompeji.

gen, und wäre Ihnen für eine sehr baldige Antwort auf diesen Brief dankbar. Ich verbleibe, lieber General Göring,

Ihr sehr ergebener
Axel Munthe

P. S.

Ich habe gerade von meinem deutschen Verleger eine deutsche illustrierte Ausgabe meines Buches erhalten und erlaube mir, Ihnen anbei 1 Exemplar als Erinnerung an Ihren Besuch in meinem alten Heim zu senden. Gerade heute morgen habe ich ein weiteres Telegramm von Hollywood erhalten, in dem die Gesellschaft bittet, dorthin zu kommen, um die Szenerie zu beaufsichtigen. Ich habe jedoch das wiederum abgelehnt. Soviel ich gehört habe, kostet den Leuten diese Szenerie über zwei Millionen Dollar.

Dokument Nr. 9

Brief Görings an Munthe

Berlin, den 6. Dezember 1937

Lieber Dr. Munthe!

Haben Sie herzlichen Dank für Ihren Brief. Sie können sich denken, wie sehr es mich bewegt, dieses herrliche Stück Erde zu erwerben. Die wirkliche Schwierigkeit liegt, wie Sie wahrscheinlich wissen, in der derzeitigen schwierigen und angespannten Devisenlage Deutschlands, so daß ich erst natürlich sehen muß, ob überhaupt ein Weg möglich ist, die für den Kauf notwendigen Devisen aufzutreiben. Das ist, wie gesagt, die große und fast unüberwindlich erscheinende Schwierigkeit. Sobald ich in nächster Zeit irgendeinen Weg gefunden zu haben glaube, werde ich Ihnen sofort schreiben. Ich sehne mich oft nach der wundervollen Insel zurück, und es ist nicht nur die Lage von San Michele, die mir so begehrenswert erscheint; sehr viel mehr ist es das Innere des Hauses, die ganze Atmosphäre, die es ausstrahlt, und die ganze Art und Weise, in welcher San Michele von Ihnen so einzigartig ausgebaut worden ist.

Ich danke Ihnen aufrichtig für die Übersendung ihres Buches, das mich außerordentlich gefreut hat. Mit großem Bedauern habe ich in Ihrem Brief gelesen, daß es mit Ihren Augen weiterhin nicht besser gehen will. Ich hatte bei meinem letzten Besuch schon die Hoffnung, daß sich Ihr Sehvermögen nunmehr sehr bessern würde. Vielleicht gibt es doch eine Möglichkeit, Ihr Augenlicht zu retten. Sollte Sie Ihr Weg auf einer Ihrer Reisen nach Schweden über Berlin führen, so würde ich mich sehr freuen, wenn Sie es mich wissen ließen, damit ich Ihnen mein Carinhall zeigen kann, das ich jetzt ganz nach meinen Angaben erbaut und fertiggestellt habe.

Mit besten Grüßen und nochmaligem Dank

Ihr
Göring

P. S. Vielleicht können Sie mir schreiben lassen, worin eigentlich Ihr Augenleiden besteht. Ich möchte gern meinen Bruder, Professor G ö r i n g , der ein hervorragender Augenspezialist und derzeitiger Leiter der bekannten Augenklinik Pagenstecher ist, fragen, ob er irgendeine Möglichkeit zur Rettung Ihres Augenlichtes weiß.

Verfluchter Hunger nach Gold

„Nach Golde drängt, am Golde hängt doch alles. Ach, wir Armen!" sagt Gretchen im Faust, wehmütig den von Mephisto in ihr Stübchen praktizierten Schmuck betrachtend. Aber man braucht dazu nicht unbedingt arm zu sein. Von Göring weiß heute nachgerade jeder, wie er nach Gold und Schmuck gierte und wie findig er war, dergleichen aufzuspüren. Es würde an seinem Charakterbilde etwas fehlen, wenn wir unter seinen Privatpapieren nicht Belege für den „verfluchten Hunger nach Gold" („auri sacra fames") gefunden hätten. Am 16. Dezember 1937 erreichte ihn eine Anfrage aus Italien über einen alten griechischen Goldschmuck im Werte von über 100000 RM, der ihm für 120000 Lire = 15720 RM angeboten wird, weil der Mann, der ihn hat, ihn sonst „anzeigen müßte auf die Gefahr hin, daß die italienische Regierung Vorkaufsrecht ausübt". Der deutsche Botschafter in Rom, von Hassell, wird beauftragt, den Schmuck zu erwerben, und übersendet unterm 23. 12. 1937 „die Sachen" als Weihnachtsgabe an Göring mit den Worten: „Ich freue mich, daß sie für Deutschland gewonnen sind. Natürlich darf nie erwähnt werden, aus welchem Lande sie stammen." „Für Deutschland"! Das war der Stil des Dritten Reiches. Was sie für sich ergaunerten, das lief unter der Firma Deutschland: Die „Reichswerke" und – der Goldschmuck. Und deutsche Fachexperten, deutsche Botschafter gaben sich bereitwillig für solche Geschäfte her.

Dokument Nr. 10

Brief aus Görings Büro an Neumann

16. Dezember 1937

Herrn
Staatsrat Neumann

Der Herr Generaloberst hat mich beauftragt, bei Ihnen anzufragen, ob eine Möglichkeit besteht, für einen alten griechischen Goldschmuck, der sich zur Zeit in Italien befindet, Devisen in Höhe von 120000 Lire freizumachen. Der Direktor des Alten Museums in Berlin schätzt das Stück auf 80000 Lire[9]*, nimmt jedoch an, daß für diesen Schmuck weit über 100000 Lire*[9] *gezahlt werden würden. Die Billigkeit versteht sich nur deshalb, weil der Mann ihn anzeigen müßte auf die Gefahr hin, daß die Italienische Regierung Vorkaufsrecht ausübt.*

Falls die Genehmigung erfolgt, soll der Direktor der Antiken Abteilung bei den Staatlichen Museen Dr. Carl Weickert nach Rom fahren (die Reise ist ihm natürlich zu finanzieren), um den Kauf abzuschließen. Er soll sich in Rom an Professor Gerecke von der Deutschen Akademie wenden. Die Kunstgegenstände sollen nach Ankauf bei dem Deutschen Geschäftsträger abgegeben und mit dem Kurier nach Berlin gebracht werden, damit keine Zollschwierigkeiten erwachsen.

Ich schlage vor, dem Herrn Generaloberst bei der nächsten Besprechung über die Angelegenheit Bericht zu erstatten.

9 Ein älterer, gleichfalls unter den Dokumenten gefundener Entwurf hat an diesen Stellen richtig: „RM" statt „Lire".

Dokument Nr. 11

Brief von Hassells an Göring[10]

23. 12. 37

Lieber verehrter Herr Göring!

Mit dem heutigen Kurier gehen die von Prof. Weikkert gekauften Sachen an Sie ab. Ich freue mich, daß sie für Deutschland gewonnen sind! Natürlich darf nie erwähnt werden, aus welchem Lande sie stammen.

Den Betrag von 120000 Lire habe ich vorgeschossen, und ich würde dankbar sein, wenn ich ihn mit dem nächsten Kurier zurückbekommen könnte, weil die hiesigen Lirebestände sehr knapp sind.

Mit den besten Grüßen und Heil Hitler

stets Ihr
Hassell[11]

Der Kunsttyrann

„Qualis artifex perii!" – „Was für ein Künstler geht mit mir zugrunde!", das waren die letzten Worte des sterbenden Nero. Sie mögen Göring auf der Zunge geschwebt haben. Denn er war ja mächtig stolz auf seine Beziehungen zur bildenden Kunst, zur Musik, zum Theater und zum Film. Unter den Dokumenten finden sich genaue Aufzeichnungen über die in

10 Faksimile des Briefes auf den Seiten 33 und 34. – Der Brief trägt am Kopf die handschriftliche Notiz Görings: *„z. d. A."*.

11 Am Schluß des Briefes hat Göring notiert: *„Vielen Dank und beste Neujahrswünsche*

Hermann Göring

Kurier Bild *120000*
Kurier"

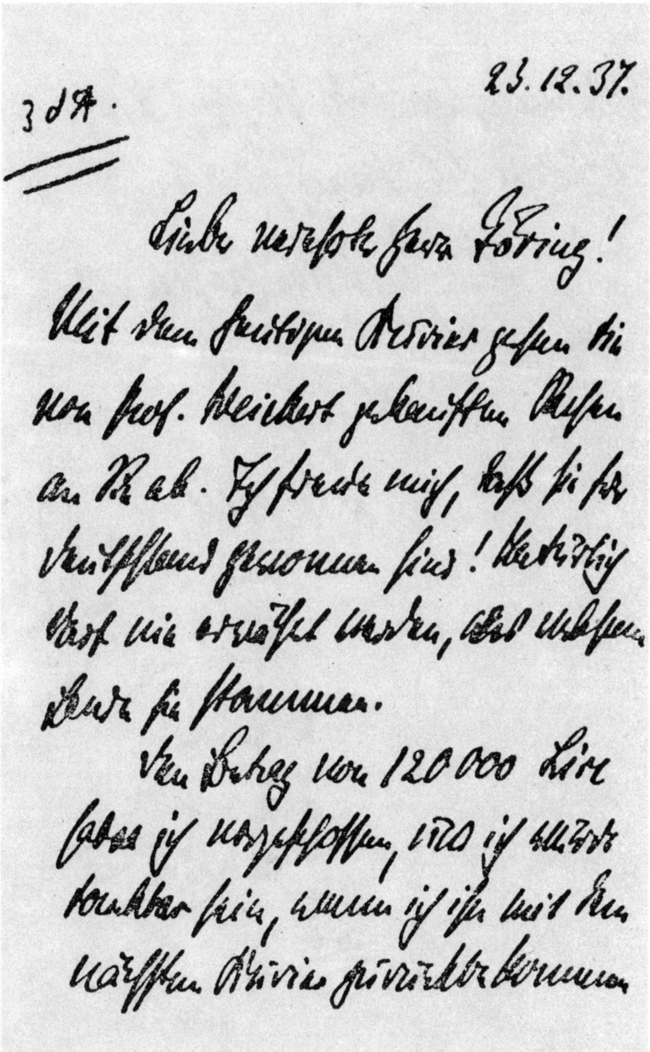
23.12.37.

3 d A.

Lieber verehrter Herr Göring!
Mit dem heutigen Kurier gehen die
von Prof. Weickert gekauften [illegible]
an Sie ab. Ich freue mich, dass sie für
Deutschland gewonnen sind! [illegible]
[illegible]
[illegible]
Den Betrag von 120 000 Lire
habe ich vorgeschossen, und ich würde
dankbar sein, wenn ich ihn mit dem
nächsten Kurier zurückbekommen

Dokument Nr. 11. Brief von Hassells an Göring.
Faksimile der Seite 1 des Originals. Textabdruck auf Seite 32

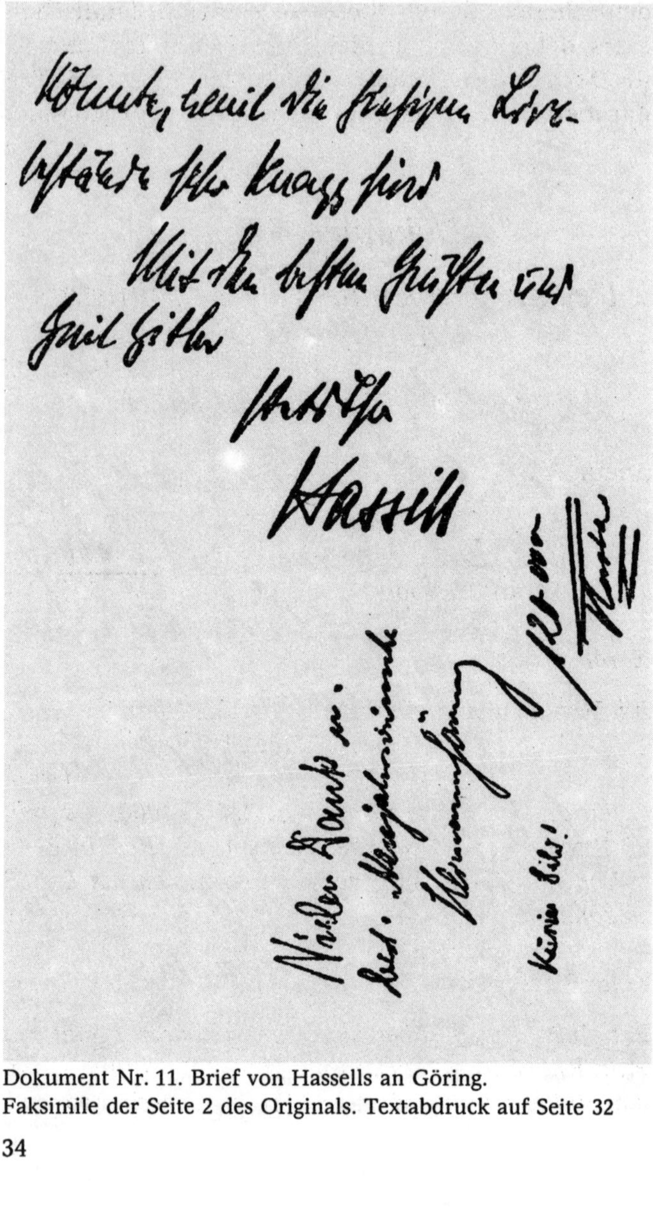

Dokument Nr. 11. Brief von Hassells an Göring.
Faksimile der Seite 2 des Originals. Textabdruck auf Seite 32

deutschen Filmen beschäftigten ausländischen Stars, denen, wie man sieht, märchenhafte Summen in Devisen ausbezahlt wurden. Die Entscheidung darüber hatte sich Göring ausdrücklich vorbehalten.

Dokument Nr. 12

Devisenaufwendungen für Filmstars

vom 16. 12. 37

Universum-Film Aktiengesellschaft

Lilian Harvey

für den Film „Liebesquadrille"	*RM 138750,–*
davon in £	*88000,–*
Rest in RM von	*RM 50750,–*

Zarah Leander

hat Vertrag über drei Filme: „Zu neuen Ufern"
„La Habanera"
„Heimat" fertig.

Für die drei Filme zusammen RM 200000,–, davon 70 Prozent in schwedischen Kronen, den Rest in RM.

Von der Gesamtsumme sind etwa noch ein Drittel zu zahlen.

Lida Baarova

hat einen Vertrag über vier Filme im Jahr, erhält pro Film RM 35000,–, zusammen also RM 140000,–, davon 50 Prozent in RM und 50 Prozent in tsch. Kronen.

Inge B e r g m a n n

hat einen Vertrag ab April 1938 über drei Filme im Jahr, erhält

für den 1. Film	*RM 12500 + 30000*	*schwed.*	*Kronen*
„ „ 2. „	*15000 + 40000*	*„*	*„*
„ „ 3. „	*15000 + 50000*	*„*	*„*

Marika R ö k k

wird noch verhandelt, erhält pro Film etwa RM 40000,– bis 50000,–, davon 50 Prozent in RM und 50 Prozent in Pengö.

T o u r j a n s k i,

Regisseur für den Film „Mitternachtswalzer", erhält RM 60000,–, davon 50 Prozent in franz. Franken, hat ein Drittel bereits erhalten.

Gusti H u b e r

ist engagiert für einen Film „Kleiner Mann ganz groß", erhält RM 20000,– und ein Drittel = etwa RM 6666,– in öst. Schillingen.

Französische Produktion

Nach dem heutigen Stand entsteht pro Film rund 1 Million franz. Franken an Gagenaufwand = etwa RM 90000,–.

Dokument Nr. 13
Devisenaufwendungen für Filmstars

vom 16. 12. 37

Tobis Filmkunst G. m. b. H.

Emil Jannings

Vertrag vom 18. 8. 36 zwischen Tobis-Magna und Jannings. J. hat noch zu erhalten

für einen Film	*RM 100000,–*
für einen weiteren Film	*150000,–*

davon sind je 50 Prozent in öst. Schillingen zu zahlen.

Willi Forst

(Forst-Film G. m. b. H.) erhält für den Film „Bel ami":

für Regie	*öst. Sch. 100000,– in Wien*
für Drehbucharbeit	*RM 25000,– in Berlin*

Paula Wessely

(Vienna-Film, Wien) erhält für die Filme
„Spiegel" und
„Via Mala" etwa RM 450000,–
im zusätzlichen Transfer, davon sind RM 100000,– von Cinema zu zahlen.

Richard Eichberg

Regisseur, erhält für die beiden Indienfilme
„Der Tiger von Eschnapur" und
„Das Indische Grabmal"

RM 60000,– auf ein Sonderkonto bei der Reichs-Kredit-Gesellschaft AG., für die französische Version liegen die Verpflichtungen bei der Films Sonores Tobis, Paris, die noch ffrs. 258000,– an ihn zu zahlen hat.

Jacques F e y d e r

erhält für „Fahrendes Volk" durch die Films Sonores Tobis, Paris, ffrs. 550000,– für die französische Version.

Françoise R o s a y

für Film „Fahrendes Volk" RM 14000,–, ausbezahlt zum Verbrauch in Deutschland.

Für weitere Gagen für den Film „Fahrendes Volk" entsteht noch eine Zahlung von ffrs. 225000,–.

Dokument Nr. 14

Devisenaufwendungen für Filmstars

vom 16. 12. 37

Terra Filmkunst G. m. b. H.

Pola N e g r i

Anspruch auf Gage für den Film „Die Fromme Lüge" für den Gegenwert von RM 35000,– in schw. Franken. Erwerbsgenehmigung ist abgelehnt, Verwendungsgenehmigung über anfallende Devisen ist zugesagt.

Attila Hörbiger

arbeitet für den Film „Das Mädchen mit dem guten Ruf", hat Anspruch auf RM 2000,– in öst. Sch., die Devisengenehmigung ist erteilt.

Paula Wessely

steht bei „Intergloria", Wien, in Vertrag, für Terra keine direkte Verpflichtung. RM 75 000,– zusätzlicher Transfer.

Louis Trenker

keine Verpflichtungen für Terra. Über die Trenker-Film-Gesellschaft ist eine Garantie für die deutsche Version des Films „Der Berg ruft" in RM zu zahlen.

Jan Kiepura – Martha Eggerth

RM 650 000,– evtl. zusätzlicher Transfer.

Martha Eggerth

RM 470 000,– evtl. zusätzlicher Transfer.

Bei beiden Vorhaben wird Zahlung zu einem Drittel in Devisen, zu zwei Dritteln in RM verlangt. Vertrag ist noch nicht abgeschlossen.

Für alle anderen zur Zeit beschäftigten oder in der nächsten Zeit noch zu beschäftigenden Filmschaffenden werden keine Devisen gebraucht.

Auch einiges zum Fall Furtwängler vermag der Dokumentenfund beizutragen. Der große Dirigent wird übrigens durch diesen Schriftwechsel nicht unerheblich entlastet.

Am 11. Dezember 1937 bittet Furtwängler auf Grund der ihn zurücksetzenden Bevorzugung des Intendanten Tietjen um Lösung seines Vertrages mit der Staatsoper. Göring antwortet in hoffärtigem Tone am 16. Dezember. Ausgerechnet er weist Furtwängler hin „auf ein Wort, das Pflicht heißt" und daß Furtwängler „in erster Linie Deutschland gegenüber verpflichtet sei". Der hohe Herr gesteht ganz im Stil des Potentaten, daß sein Brief „einer sehr begreiflichen Verärgerung entspringe" und daß er es satt habe, dauernd einen Fall Furtwängler bereinigen zu müssen.

Dokument Nr. 15

Brief Furtwänglers an Göring

Wien, am 11. Dezember 1937

Sehr verehrter Herr Generaloberst!

Trotz der Ereignisse der letzten Zeit (im Zusammenhange mit der Bayreuther Frage) habe ich versucht, meine vertragsmäßigen Verpflichtungen zu erfüllen und habe den „Tannhäuser" mit vier Wiederholungen dirigiert. Ich kann aber, wie ich sehe, die nötige Freudigkeit zur Arbeit nicht mehr aufbringen in einer Situation, die mir für mich als Mensch wie als Künstler gleich unwürdig erscheinen muß. Da meinem Wirken an der Staatsoper unter diesen Umständen ohnedies keine Zukunft beschieden sein dürfte, ist es vielleicht besser, schon jetzt damit aufzuhören. Ich werde selbstverständlich, wenn Sie es wünschen, den einmal eingegangenen Vertrag einhalten, wäre Ihnen aber dankbar, wenn Sie mich meiner Verpflichtungen – es handelt sich noch um fünf Abende – schon jetzt entbinden könnten.

Mit verbindlichen Grüßen und Heil Hitler

Ihr ganz ergebener

Dr. Wilhelm Furtwängler

(handschriftlich:)

N. B. Die Nachricht der Zeitungen, daß ich nach Wien ginge, ist natürlich falsch!

Dokument Nr. 16

Brief Görings an Furtwängler

16. Dezember 1937

Sehr verehrter Herr Furtwängler!

Ich habe Ihr Schreiben aus Wien erhalten. Es war ja wohl wieder einmal an der Zeit, daß mir von Ihrer Seite neue Schwierigkeiten bereitet wurden. Denn fast ein Vierteljahr sind die Dinge ja glatt gelaufen. Wenn Sie davon schreiben, daß Sie sich in einer Situation befinden, die für Sie unwürdig erscheint, so habe ich dafür keinerlei Verständnis. Ich darf Sie bitten, sich einmal selbst zu fragen, wie weit es sich mit Ihrer Würde vereinbaren läßt, mir jetzt wieder erneut Schwierigkeiten zu machen, und Ihre wirklich sehr spärliche Betei-

ligung an der Oper noch weiter zu kürzen, obgleich Sie von demselben Institut jahrelang Ihr volles Gehalt empfangen haben, ohne einen Finger dafür zu rühren und es Ihnen nur dadurch möglich war, während dieser Jahre Ihren sonstigen Interessen nachzugehen. Ich habe immer geglaubt, daß Sie irgendwie und -wann die Verpflichtung in sich fühlen, wenigstens nachträglich einen Teil dieser Dankesschuld abzutragen. Neben der nötigen Freudigkeit zur Arbeit gibt es ja auch noch ein Wort, das Pflicht heißt. Im übrigen habe ich keinerlei Recht, Sie erneut wieder aus dem Vertrag zu entlassen, sondern muß darauf bestehen, daß der Vertrag vollinhaltlich eingehalten wird. Ich stelle ferner fest, daß Sie zunächst zugesagt hatten, in allernächster Zeit in der Oper zu dirigieren, während Sie ja auch hierfür eine Absage schickten, obgleich Sie in der gleichen Zeit in Wien dirigieren werden. Wie Sie das alles der Staatsoper gegenüber, die soviel für Sie getan hat, verantworten können, ist für mich immer ein Rätsel geblieben. Im übrigen geht es die Staatsoper ja schließlich gar nichts an, was Sie mit Bayreuth haben. Aber es dürfte schließlich auch für Sie von Wert sein, daß Ihr Ruf nicht durch fortgesetzte Unzuträglichkeiten, die Sie bald hier, bald dort, ob Berlin, Bayreuth, ob Oper oder Philharmonie, haben, erheblich leidet. Ich habe mich verpflichtet gefühlt, Ihnen einmal das ganz offen zu sagen, damit Sie Ihre Lage richtig erkennen können. Wie jeder von uns, so sind auch Sie schließlich in erster Linie Deutschland gegenüber verpflichtet. Von mir aber können Sie schlechterdings nicht verlangen, daß ich termingemäß jedes Jahr einen Fall Furtwängler an der Staatsoper habe. Ich hoffe, daß Sie volles Verständnis für meine Aufrichtigkeit haben, die allerdings, das be-

streite ich nicht, einer sehr begreiflichen Verärgerung entspringt.

Mit deutschem Gruß und Heil Hitler!

Furtwängler erwidert würdig und in fester Haltung: „Was meine Pflicht als Deutscher ist, bin ich mir stets bewußt gewesen ..." und „An der Entwicklung der Dinge im ganzen ist freilich wenig zu ändern, denn sie stammt nicht von heute."

Göring notierte auf dem Brief: „F. sofort mitteilen, daß ich ihn empfange, falls er das wünscht." Wir möchten annehmen, daß F. das nicht gewünscht hat.

Dokument Nr. 17

Brief Furtwänglers an Göring[12]

Dr. Wilhelm Furtwängler *Potsdam, Victoriastr. 36*
23. 12. 37

Sehr verehrter Herr Generaloberst,

zunächst möchte ich zum Inhalt Ihrer Zeilen, die ich soeben hier vorfinde, kurz bemerken:

Die Absage für die Aufführungen am 27. Dezember und am 1. Januar von Tannhäuser in der Staatsoper geschah auf ärztliche Weisung, die mir dringend eine zehntägige Kur in Süddeutschland nahelegte. Ich habe

12 Faksimile der ersten Seite des Originals Seite 44; der dritten Seite des Originals Seite 45. – Handschriftlicher Vermerk Görings am Kopf des Briefes: *„F. sofort mitteilen, daß ich ihn empfange, falls er es wünscht. Abschrift des Briefes sofort an Tietjen. G."*

F. sofort mitteilen, dass ich ihn empfange

Dr. Wilhelm Furtwängler. Potsdam, Victoriastr.36.
23.12.37.

Abschrift dieses Briefes sofort an Tietjen

Sehr verehrter Herr Generaloberst,

zunächst möchte ich zum Inhalt Ihrer Zeilen, die ich soeben hier vorfince, kurz bemerken:

Die Absage für die Aufführungen am 27.Dezember und 1.Januar von Tannhäuser in der Staatsoper geschah auf ärztliche Weisung, die mir dringend eine 10 tägige Kur in Süddeutschland nahelegte. Ich habe Tietjen davon schon am 3.Dezember nach der letzten Aufführung des Tannhäuser Mitteilung gemacht. Die Aufführung in Wien ist am 3.Januar, also erst später (übrigens die letzte Aufführung, die ich für den Lauf dieses Winters in Wien angenommen habe). Meine an Sie gerichtete Bitte um vorzeitige Entlassung aus meinem Vertrag hat unmittelbar mit der vorgenannten Absage nichts zu tun.

Für die Weiterzahlung des Gehalts während der kritischen Zeit nach meinem Rücktritt, die Sie erwähnen, war ich Ihnen seinerzeit ausserordentlich dankbar und werde Ihnen stets dankbar bleiben. Was meine Pflicht als Deutscher ist, bin ich mir stets bewusst gewesen und glaube, das oft genug, u.a. noch in jüngster Zeit in Wien, unter Beweis gestellt zu haben.

Ich werde also Ihrem Wunsche gemäss die vertragsmässigen fünf noch ausstehenden Abende dieser Spielzeit in der Staatsoper dirigieren.

Wenn ich Ihnen, hochverehrter Herr Generaloberst, im übrigen mit meiner Bitte um vorzeitige Entlassung Aerger bereitet habe, so bedauere ich das aufrichtig. An der Entwicklung der Dinge im ganzen

Dokument Nr. 17. Brief Furtwänglers an Göring. Faksimile der Seite 1 des Originals. Textabdruck auf den Seiten 43 und 46

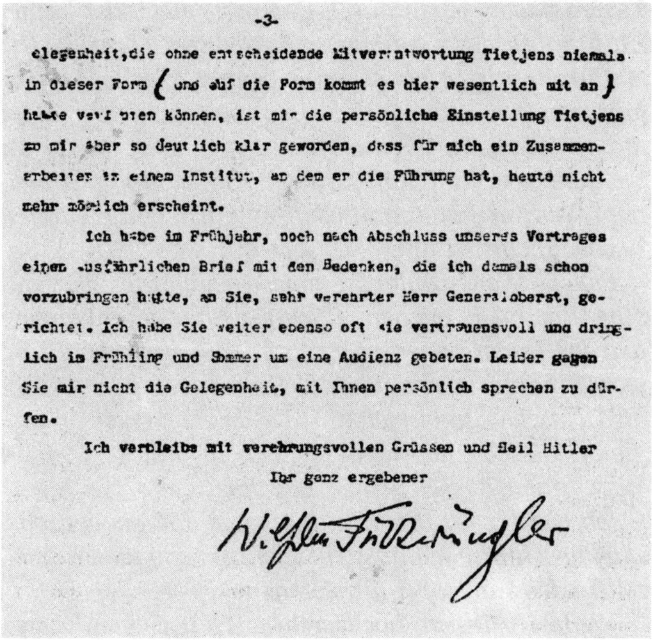

-3-

elegenheit, die ohne entscheidende Mitverantwortung Tietjens niemals in dieser Form (und auf die Form kommt es hier wesentlich mit an) hätte verlaufen können, ist mir die persönliche Einstellung Tietjens zu mir aber so deutlich klar geworden, dass für mich ein Zusammenarbeiten in einem Institut, an dem er die Führung hat, heute nicht mehr möglich erscheint.

Ich habe im Frühjahr, noch nach Abschluss unseres Vertrages einen ausführlichen Brief mit den Bedenken, die ich damals schon vorzubringen hatte, an Sie, sehr verehrter Herr Generaloberst, gerichtet. Ich habe Sie weiter ebenso oft wie vertrauensvoll und dringlich im Frühling und Sommer um eine Audienz gebeten. Leider gaben Sie mir nicht die Gelegenheit, mit Ihnen persönlich sprechen zu dürfen.

Ich verbleibe mit verehrungsvollen Grüssen und Heil Hitler

Ihr ganz ergebener

Dokument Nr. 17. Brief Furtwänglers an Göring. Faksimile der Seite 3 des Originals. Textabdruck auf den Seiten 47 und 48

Tietjen davon schon am 3. Dezember nach der letzten Aufführung des Tannhäuser Mitteilung gemacht. Die Aufführung in Wien ist am 3. Januar, also erst später (übrigens die letzte Aufführung, die ich für den Lauf dieses Winters in Wien angenommen habe). Meine an Sie gerichtete Bitte um vorzeitige Entlassung aus meinem Vertrag hat unmittelbar mit der vorgenannten Absage nichts zu tun.

Für die Weiterzahlung meines Gehaltes für die kritische Zeit nach meinem Rücktritt, die Sie erwähnen, war ich Ihnen seinerzeit außerordentlich dankbar und werde Ihnen stets dankbar bleiben. Was meine Pflicht als Deutscher ist, bin ich mir stets bewußt gewesen und glaube, das oft genug, u. a. noch in jüngster Zeit in Wien, unter Beweis gestellt zu haben.

Ich werde also Ihrem Wunsche gemäß die vertragsmäßigen fünf noch ausstehenden Abende dieser Spielzeit in der Staatsoper dirigieren.

Wenn ich Ihnen, hochverehrter Herr Generaloberst, im übrigen mit meiner Bitte um vorzeitige Entlassung Ärger bereitet habe, so bedaure ich das aufrichtig. An der Entwicklung der Dinge im ganzen freilich ist wenig zu ändern, denn sie stammt nicht von heute. Die Entscheidung über meine zukünftige Beziehung zur Staatsoper haben Sie selber getroffen, und zwar damals, als Sie mit Rücksicht auf Tietjens Empfindlichkeit – weiter will ich dazu nichts sagen – mir statt einer, mit dem Hause wirklich verbundenen Position, wie sie zuerst projektiert war, eine in gewissem Sinne recht- und machtlose, reine „Gast"-Tätigkeit zuwiesen. Es war von jeher mein Standpunkt, dem ich auch immer Ausdruck gegeben habe: Wenn schon als Gast, so muß meine Tätigkeit an die verschiedenen Institute im

In- und Ausland verteilt bleiben; eine besondere Verpflichtung, Bindung, Bevorzugung eines einzelnen Instituts ist dann angesichts meiner ausgebreiteten Tätigkeit nicht mehr möglich. Daß ich eine solche Bindung in irgendeiner Form der Mitverantwortung damals für selbstverständlich hielt, war nicht persönlicher Ehrgeiz, sondern ausschließlich künstlerisches Verantwortungsgefühl. Ich war damals noch durchaus willens, meine beste Kraft der Staatsoper zu widmen. Sie haben davon keinen Gebrauch gemacht. Sie dachten offenbar für Ihr Institut (genau wie Frau Wagner in Bayreuth) nicht an den Künstler Furtwängler als Gesamtpersönlichkeit, der bereit war, die Mitverantwortung für die führende Opernbühne und damit für das Gesamtniveau des musikalischen Lebens in Deutschland zu übernehmen, sondern lediglich an den beliebten Dirigenten. Dies mag zwar den persönlichen Intentionen von Generalintendant Tietjen entsprechen, ist aber – so wie ich es sehe – nicht zum Besten der Sache; ich fasse meine Aufgabe anders auf.

Da durch die Nowakowski-Affäre die persönlichen Beziehungen zwischen Tietjen und mir getrübt waren, erschien die jetzige Lösung uns, wenn Sie sich recht erinnern, als eine Art Provisorium, an das Sie die Hoffnung knüpften, daß sich mit der Zeit das Einvernehmen zwischen Tietjen und mir wieder besserte. Durch die Bayreuther Angelegenheit, die ohne entscheidende Mitverantwortung Tietjens niemals in dieser Form (und auf die Form kommt es hier wesentlich mit an) hätte verlaufen können, ist mir die persönliche Einstellung Tietjens zu mir aber so deutlich klargeworden, daß für mich ein Zusammenarbeiten an einem Institut, an dem er die Führung hat, heute nicht mehr möglich erscheint.

Ich habe im Frühjahr noch nach Abschluß unseres Vertrages einen ausführlichen Brief mit den Bedenken, die ich damals schon vorzubringen hatte, an Sie, sehr verehrter Herr Generaloberst, gerichtet. Ich habe Sie weiter ebensooft wie vertrauensvoll und dringlich im Frühjahr und Sommer um eine Audienz gebeten. Leider gaben Sie mir nicht die Gelegenheit, mit Ihnen persönlich sprechen zu dürfen.

Ich verbleibe mit verehrungsvollen Grüßen und Heil Hitler

Ihr ganz ergebener
Wilhelm Furtwängler

Nach der Einverleibung Österreichs geht Göring, der Theatertyrann, an die „Reorganisation", d. h. die „Gleichschaltung" der Wiener Bühnen. Das Burgtheater hat er Gustaf Gründgens zugedacht, wie wir seinem Briefe an ihn vom 20 März 1938 entnehmen. Gründgens' Antwort kennen wir nicht, wissen aber, daß er sich davor drücken konnte.

Von besonderem Reiz ist der Vorschlag an Gründgens, Görings Einzug in Wien mitzumachen, „wenn Sie etwas Großartiges miterleben wollen!"

Der unter dem Jubel des Volkes einziehende Triumphator – wenn auch nur in Nachahmung, denn Hitler war ihm ja schon zuvorgekommen – und in seinem Gefolge die Sterne der Bühnenkunst: das war etwas für Görings Geschmack.

Dokument Nr. 18
Brief Görings an Gründgens

Carinhall, den 20. März 1938
(Schorfheide)

Lieber Herr Gründgens!

Ohne, daß ich einen Ton gesprochen habe, hat bereits die österreichische Regierung mich gebeten, die Reorganisation des Burgtheaters in Wien durch die Staatsschauspieler in Berlin und durch Sie vorzunehmen. Ihr Vorschlag lautet, wiederum ohne mein geringstes Zutun, auf gemeinsamem Solopersonal, wobei die Bestimmung ausschließlich bei Ihnen liegen soll. Ich bitte, die Dinge streng vertraulich zu behandeln, damit nichts dazwischen kommt, bevor ich den Führer um Genehmigung gebeten habe.

Ich werde am 26. d. Mts. mittags in Wien eintreffen. Ich bitte Sie, sich so einzurichten, daß Sie spätestens im Laufe des 26. d. Mts. nachmittags in Wien zu mir stoßen. Die Besprechungen würden dann am 26. und 27. März vor sich gehen. Tietjen ist analog über die Staatsoper unterrichtet. Wegen Ihrer Reise sowie Ihres Wiener Quartiers wollen Sie sich mit Dr. Gritzbach oder Oberführer Görnnert in Verbindung setzen. Es wäre gut, wenn Sie zusammen mit Tietjen reisen oder fliegen könnten. Wenn Sie etwas Großartiges miterleben wollen, würde ich Ihnen vorschlagen, am 26. d. Mts. bereits früh in Wien einzutreffen, um dann zu mir zu stoßen und meinen Einzug in Wien mitzumachen. Zu diesem Zweck müßten Sie mit Oberführer Görnnert die genaue Einteilung treffen, damit ein Auto

Sie und Tietjen zum Sammelpunkt bringt, von dem aus der Einzug in Wien erfolgt.

Mit besten Grüßen und Heil Hitler

Ihr Göring

Herrn Generalintendant Gründgens
Berlin

Wer Arier ist, bestimme ich!

Brutalität und Protzentum waren die sichtbarsten Kennzeichen Görings. Und gleichzeitig eignete ihm völlige Willkür seiner Maßnahmen. Die Nürnberger Rassengesetze, wie der Antisemitismus überhaupt, entsprangen zwar der sogenannten nationalsozialistischen Weltanschauung; aber auch über den fundamentalen Satz des nationalsozialistischen Parteiprogramms „Kein Jude kann daher Volksgenosse sein" setzte sich Göring – und nicht nur er – hinweg, wenn es den Nazis so paßte oder ihren imperialistischen Zielen diente. Das war im Volke schon zu Zeiten der Naziherrschaft allgemein bekannt.

Bestätigt wird es in unserem Dokumentenfund durch den Fall Imhausen. Wichtig ist hierbei, daß auch Hitler die arischen Grundsätze der NSDAP um keinen Pfifferling höher einschätzte: „Wenn der Mann die Sache wirklich erfunden hat, dann machen wir ihn zum Arier!" sagte er wörtlich.

Der Generalbevollmächtigte für deutsche Roh- und Werkstoffe, Keppler, Beauftragter für Fette und Öle im Vierjahresplan, schreibt am 18. Juni 1937 an Göring:

Dokument Nr. 19

Brief Kepplers an Göring

Ministerpräsident
Generaloberst Göring
Beauftragter für den
Vierjahresplan

Berlin W 8, d. 18. Juni 1937
Behrenstr. 39A
Fernruf: A 6 5861

Arbeitsgebiet Keppler: Industrielle Fette und Öle

An
Herrn Ministerpräsident Generaloberst Göring,
Beauftragter für den Vierjahresplan

Sehr verehrter Herr Generaloberst!

Bei meinem letzten Vortrag bei Ihnen erlaubte ich mir die Anfrage, ob Sie bereit wären, persönlich an der Einweihung des vor kurzem in Betrieb gekommenen großen Fettsäure-Werkes in Witten teilzunehmen, da es sich hier um den ersten Großbetrieb auf einem technisch neuen Gebiet handelt. – Ihrer Aufforderung entsprechend, erlaube ich mir, diesen Vorschlag hiermit schriftlich zu wiederholen. Die Deutschen Fettsäure-Werke würden sich selbstverständlich wegen der Wahl des Zeitpunktes ganz nach Ihren Wünschen richten. Es wäre am angenehmsten, wenn die Veranstaltung zwischen dem 1.–15. Juli stattfinden könnte. – Des weiteren würde ich sehr dankbar sein, wenn ich Sie auf dieser Fahrt begleiten dürfte.

Bei dieser Gelegenheit berichte ich Ihnen, daß der Hauptertinder auf dem Gebiet der Fettsäure und des Speisefettes, Herr Imhausen, teilweise nichtarischer Abstammung ist, daß ich dies seinerzeit dem Führer gemeldet habe und der Führer sagte, wenn der Mann die Sache wirklich erfunden hat, dann machen wir ihn zum Arier.

Herr Imhausen hat sich um das Problem außerordentliche Verdienste erworben, und ich kann nur sagen, daß ich während der zwei Jahre, die ich mit Herrn Imhausen arbeite, in jeder Beziehung die allerbesten Erfahrungen mit ihm gemacht habe. Ich erlaube mir, Ihnen anbei die Personalakten des Herrn Imhausen zu übersenden. – Er ist der Sohn eines Feldwebels und hat drei Brüder im Weltkrieg verloren. Hugo Imhausen ist als Kriegsfreiwilliger auf einer Patrouille Februar 1915 gefallen, Gustav Imhausen, Marineoberingenieur, Inhaber des E. K. 1. und 2. Klasse, ist in der Skagerrak-Schlacht mit dem Zerstörer V 29 untergegangen, Fritz Imhausen, Leutnant bei der Fliegerabteilung A 285, Inhaber des E. K. 1. und 2. Klasse, fiel am 17. Mai 1918.

Ich wäre für Prüfung dankbar, ob in diesem besonderen Fall etwas zugunsten des Herrn Imhausen und seines Sohnes geschehen könnte, da die Familie einerseits viel für das Vaterland geopfert hat und andererseits niemand die großen Verdienste des Herrn Imhausen um die Rohstoffentwicklung bestreiten kann.

Heil Hitler!
Ihr aufrichtig ergebener
Keppler

Anlagen.

Bereits am 23. Juli 1937 ist Imhausen Vollarier geworden. Göring teilt dies mit folgendem Brief dem Leiter der Kanzlei des Führers, Bouhler, dem famosen Pseudobiographen Hitlers und Napoleons, mit:

Dokument Nr. 20

Brief Görings an Bouhler

Berlin, den 23. Juli 1937

Herrn
Reichsleiter Bouhler
Berlin,
Kanzlei des Führers

Herr Artur Imhausen, Witten/Ruhr, Mitinhaber der Firma Märkische Seifenindustrie, dortselbst, hat den Hauptanteil an der epochemachenden Erfindung der Erzeugung von Seife und synthetischem Speisefett aus Kohle geleistet.

Herr Imhausen ist Halbjude. – Drei seiner Brüder sind im Weltkrieg gefallen. Des weiteren hat er während der Entwicklung des obigen Problems in bester und loyaler Weise mit den maßgebenden Stellen gearbeitet.

Auf Grund dieses Sachverhaltes hat der Führer bei einer Rücksprache, die ich mit ihm hatte, entschieden, daß Herr Imhausen als Vollarier anerkannt werden soll, und ich bitte Sie, hierzu das Erforderliche zu veranlassen. Sollten Sie noch irgendwelche Auskünfte benötigen, so bitte ich Sie, sich dieserhalb an den Parteigenossen Keppler, Berlin W 8, Behrenstr. 39A, zu wenden.

Heil Hitler!
Göring

Gleichzeitig erhielt Imhausen folgende Nachricht von Göring:

Dokument Nr. 21
Brief Görings an Imhausen

Berlin, den 23. Juli 1937

Herrn
Artur Imhausen
Witten/Ruhr,
Ruhrstr. 70

Sehr geehrter Herr Imhausen!

In Anbetracht der großen Verdienste, die Sie sich um die Entwicklung der synthetischen Seife und des synthetischen Speisefettes aus Kohle erworben haben, hat der Führer auf meinen Vorschlag Ihre Anerkennung als Vollarier gutgeheißen, und ich freue mich, Ihnen diese Mitteilung in Würdigung Ihrer verdienstvollen Arbeiten machen zu können. – Ich habe die Kanzlei des Führers um die formale Durchführung dieser Maßnahme gebeten.

Heil Hitler!
Göring

Keppler wurde der Vollzug durch Görings Büro mit folgendem Schreiben mitgeteilt:

Dokument Nr. 22

Brief aus Görings Büro an Keppler

3. August 1937

An
den Generalsachverständigen für deutsche Roh- und Werkstoffe
Herrn Dr.-Ing. Keppler
Berlin W 8
Behrenstr. 39A

Sehr geehrter Herr Dr. Keppler!

Unter Bezug auf Ihr Schreiben vom 19. Juli an Herrn Generaloberst Göring, betr. Imhausen, teile ich mit, daß die von Ihnen vorgelegten beiden Entwürfe vom Herrn Generaloberst genehmigt und die Schreiben entsprechend abgesandt worden sind. Nun rief gestern die Kanzlei des Führers an und teilte mit, daß Herr Imhausen noch formal ein Gesuch an den Führer um Anerkennung als Arier einreichen müßte – unabhängig davon, daß die Anerkennung als solche bereits Tatsache sei. Außerdem müßte noch geklärt werden, ob die Arisierung nur auf die Person des Herrn Imhausen oder auch auf seine Nachkommen sich erstrecken soll. Ich wäre dankbar, wenn die Angelegenheit von dort geklärt und eventuell weiterbearbeitet werden würde und bitte um Nachricht über das Veranlaßte.

Heil Hitler!

Welch ungeheuerlicher Zynismus spricht aus diesem Briefwechsel! Was für ein entsetzlicher Widerspruch liegt zwischen diesem Fall Imhausen und dem Massenmord in Auschwitz! Und was für eine große Schuld hat das deutsche Volk auf sich geladen, daß es diesen Zynismus nicht begriffen, sondern in weiten Schichten praktiziert hat!

Positives Christentum

„Die Partei als solche vertritt den Standpunkt eines positiven Christentums, ohne sich konfessionell an ein bestimmtes Bekenntnis zu binden." Diese Kardinallüge des nationalsozialistischen Parteiprogramms hier zu entlarven, hieße Eulen nach Athen tragen oder Sand nach der Mark Brandenburg.

Aber ein Briefwechsel mit Ludendorff enthüllt doch auch dazu interessante Einzelheiten. Der haßerfüllte Feind des Christentums beschwert sich in einem Brief vom 3. Mai 1937 darüber, daß im Heere ein Unterschied gemacht werde zwischen dem Feldherrn und dem Schriftsteller Ludendorff und „sein Geistesgut" den Offizieren durch Lektüreverbot vorenthalten werde.

Dokument Nr. 23

Brief Ludendorffs an Göring

Tutzing, den 3. 5. 1937

Sehr geehrter Herr Generaloberst!

Da ich nicht weiß, wann Sie bei Ihrem ungemein großen Wirkungsbereich Zeit finden, Ihre Absicht, nach Tutzing zu kommen, auszuführen, und ich vier Wochen mit meiner Frau auf unsere Berghütte bei Kleis bei Mittenwald fahre, so möchte ich Ihnen doch auch das mitteilen, was ich am 15. 4. dem Oberbefehlshaber der Wehrmacht, Generalfeldmarschall v. Blomberg, und den Oberbefehlshabern des Heeres und der Marine als Bitte aussprach, daß sich die Offiziere nicht befehlsmäßig von meinem Geistesgut fernhalten sollen. Es ist nun einmal so, daß auch die Offiziere mich zerteilen in den Feldherrn und Schriftsteller, und das ist mir tief schmerzlich. Ich bitte Sie, Herrn Major v. Treuenfeld – Berlin-Dahlem, Königin-Luisen-Str. 13 –, einen von mir aus dem Weltkriege bekannten vortrefflichen Generalstabsoffizier und mir sehr nahestehenden völkischen Kämpfer zu kurzem Vortrage zu empfangen. Er genießt mein volles Vertrauen und kann mit wenigen Worten die nötige Aufklärung geben, die es auch Ihnen, Herr Generaloberst, erleichtern wird, mein Ringen zu verstehen.

Nun möchte ich mich noch an den alten völkischen Kämpfer vom 9. 11. 1922 wenden und ihm Ausdruck geben, wie sehr es mich beunruhigt, die Artikel 230 und 231 noch im neuen Entwurf des Strafgesetzbuches zu wissen. Diese Beunruhigung ist nach der unerhör-

ten Enzyklika des Papstes vom 14. 3. noch größer geworden. Der Gott, auf den heute die Soldaten vereidigt werden, ist nach römischen, d. h. päpstlichen Begriffen Gotteslästerung. Ich glaube nicht an einen Zufall, mich hat es tief betroffen, daß einer dieser Paragraphen den „Wiedergutmachungsparagraphen" des Versailler Schandpaktes durch die Ziffer 231 entspricht. Der Staat hat nicht Rom gegenüber „wieder gutzumachen", aber diese Absicht verbindet Rom mit dem Paragraphen. Die unleidliche Herrschaft machtlüsterner Priesterkasten wird durch die Paragraphen verewigt. Sind sie angenommen, dann kann die Hetze gegen den totalen völkischen Staat erst recht beginnen.

Ich führe Vorstehendes auch in Verantwortung der Deutschen aus, die sich zur Deutschen Gotterkenntnis (Ludendorff) bekennen, der der Führer und Reichskanzler am 30. 3. volle Gleichberechtigung zugesprochen hat. Über diese Gotterkenntnis kann Herr v. Treuenfeld Ihnen Auskunft geben. Gehen die Ketzerparagraphen durch, dann ist von Gleichberechtigung in Praxis nach dem Willen Roms nicht mehr die Rede. In dieser ernsten Sorge habe ich geschrieben.

Herzlich würde ich mich freuen, wenn Sie Ihre Absicht, mich doch einmal aufzusuchen, ausführen würden.

Bis dahin grüße ich den Kameraden des Weltkrieges und den alten völkischen Kämpfer vom 9. 11. 22.

Ihr sehr ergebener
Ludendorff[13]

13 Handschriftliche Notiz Görings: *„Sofort zum Diktat vorlegen. Gg. Entwurf Strafgesetzbuch mir vorlegen. Gg."*

Aus der Antwort Görings vom 2. Juni 1937 geht hervor, daß Göring, der sich so gern als protestantischer Christ gebärdete und seine Tochter unter geräuschvoller Pompentfaltung durch den „Reichsbischof" Müller im Berliner Dom taufen ließ, gegen die Christenfresserei des Exgenerals gar nichts einzuwenden hatte und unter seinen Adjutanten sogar einen glühenden Ludendorffianer duldete.

Die weiteren Beschwerden Ludendorffs betrafen Entwürfe des damaligen Reichsjustizministers Gürtler für ein neues Strafgesetzbuch. § 230 setzte Strafen für Gotteslästerung fest; § 231 beabsichtigte den Schutz der Religionsgesellschaften gegen Beschimpfung.

Gott will Göring in seiner Antwort nicht lästern lassen, das würde nach außen hin einen schlechten Eindruck machen. Aber die Bestrafung der Beschimpfung von Religionsgesellschaften darf sich selbstredend nicht auch auf das jüdische Bekenntnis beziehen; denn wo bliebe dann der Schutz des parteiamtlichen Antisemitismus und der Hetzzeitschrift „Der Stürmer", wo blieben Lublin und Auschwitz?

Dokument Nr. 24

Brief Görings an Ludendorff

Berlin, den 2. Juni 1937

Sehr geehrter Herr General!
Ich bitte um Verzeihung, wenn ich erst heute dazu komme, Ihren Brief vom 3. Mai zu beantworten. Ich

war aber unterdessen zweimal im Ausland und auch sonst viel auf Reisen und Besichtigungen. Jedoch werde ich Ihrem Wunsch gern nachkommen und den Major von Treuenfeld in den nächsten Tagen empfangen.

Was nun Ihre Wünsche anbelangt, so möchte ich zunächst darauf hinweisen, daß ich innerhalb der Luftwaffe keinem Offizier befohlen habe, sich von dem Geistesgut Euerer Exzellenz fernzuhalten; im Gegenteil kann ich darauf hinweisen, daß einer meiner jungen Ordonnanzoffiziere stets Ihre Schriften gelesen hat und ein eifriger Anhänger Ihrer Geistesrichtung ist. Es ist mir niemals eingefallen, davon Abstand zu nehmen.

Was nun die Artikel 230/231 des Strafgesetzbuches anbetrifft, so glaube ich, Euere Exzellenz vollkommen beruhigen zu können. Dies sind zunächst nur Vorschläge des Justizministers und werden erst noch im Kabinett durchgearbeitet. Vertraulich kann ich Ihnen mitteilen, daß die bisherigen Paragraphen fast völlig im Kabinett umgekrempelt wurden, was ja auch selbstverständlich ist, wenn man bedenkt, daß erst im Kabinett die nationalsozialistische Auffassung von dem Gesetzeswerk zur Geltung und zum Durchbruch kommt. Ich selbst jedenfalls passe bei jedem Paragraphen höllisch auf, daß er keine Fassung bekommt, die unserer Auffassung nicht vollkommen entspricht. Gegen die Fassung des § 230 vermag ich allerdings nichts einzuwenden. Denn ich glaube mich mit Ihnen einig, daß, wer Gott lästert oder das religiöse Empfinden des Volkes böswillig verletzt, bestraft werden muß. Das bedeutet nun keineswegs, daß das religiöse Empfinden des deutschen Volkes verletzt ist, wenn bestehende Konfessionen oder deren Lehre aufs schärfste angegriffen und abgetan werden, sondern das religiöse Empfinden soll sich ausschließlich beziehen auf das Gottesbewußtsein und überhaupt für das Vorhandensein einer religiösen Einstellung, gänzlich frei von Konfessionen und Kirchen. Wenn man jedoch Gottesempfinden und Gottesglauben zerstört, so würde dies nach meiner festen Überzeugung zu einer völligen Zerstörung aller moralischen Grundlagen eines Volkes führen.

Sehr viel bedenklicher ist der § 231, der auch meiner Überzeugung nach in dieser Fassung nicht bestehen bleiben kann. Im Gegenteil, ich glaube, daß dieser Paragraph vollständig zu verschwinden hat. Denn in einer weiteren Auffassung könnte sogar nach diesen Paragraphen nicht einmal die verwerfliche Geistesgrundlage des Judentums angegriffen werden.

Ich hoffe, damit die Bedenken Euerer Exzellenz einigermaßen ausgeräumt zu haben. Im übrigen wird es nach wie vor mein Bestreben sein, baldigst mit Euerer Exzellenz persönlich zusammenzutreffen.

Mit aufrichtigen Wünschen und Heil Hitler bin ich

Euerer Exzellenz sehr ergebener

Göring

Die Futterkrippe

Das „unveränderliche" sogenannte Parteiprogramm, verkündete: „Wir bekämpfen die korrumpierende Parlamentswirtschaft einer Stellenbesetzung nur nach Parteigesichtspunkten ohne Rücksichten auf Charakter und Fähigkeiten."

Der Dokumentenfund enthält eine Reihe von Briefen, die beweisen, in wie umfassender Weise gerade diese angeblich bekämpfte Stellenbesetzung von den führenden Nazis selbst betrieben wurde.

Und nicht nur das. Ein charakteristisches Beispiel deckt auf, wie sie sich gegenseitig aus dunklen amtlichen Quellen Gelder zuschoben, um die nicht geringen Kosten für ihr Wohlleben bestreiten zu können.

Der berüchtigte preußische Justizminister, dann Reichskirchenminister, Kerrl, schreibt folgendes kurze, aber aufschlußreiche Billett an Görings „Staatssekretär" Körner:

Dokument Nr. 25
Brief Kerrls an Körner[14]

Hanns Kerrl	*Berlin W 8, 7. 1. 38*
Reichsminister und Preußischer	*Leipziger Str. 3*
Staatsminister	*Fernruf 11 6651*

Mein lieber Pilli!

Sei mir nicht böse, wenn ich, Deinen guten Ermahnungen folgend, Dich bitte, mir mitzuteilen, ob ich nunmehr – wo es auf den Nägeln brennt – die mir vom Eisernen[15] *aus dem Bolschewistenfonds zugesagten 30 Mille erhalten kann.*

In banger Erwartung
Dein Hanns Kerrl

14 Körner notiert handschriftlich am Kopf des Briefes: *„Frl. Grundtmann, diese 30 Mille waren Min. K. im Aug. 37 vom Mp. zugesagt. Vielleicht erledigen Sie die Sache schnellstens. Kö. 7. 1."*
15 Unleserlich!

Die Veröffentlichung dieses Dokuments dürfte den ersten Hinweis auf den darin genannten Fonds darstellen. Woher stammten die Gelder für diesen Geheimfonds? Sie sollten der Bekämpfung des Bolschewismus, gleichzeitig aber auch, schon 1938, der Angriffsvorbereitung dienen. Göring selbst verfügte über diese Mittel, die beträchtlich gewesen sein müssen, wenn allein Kerrl sich 30000 RM daraus auszahlen lassen konnte.

Am 8. Januar 1938 beschwert sich Kerrl bei Göring, daß man ihm die zugesagten Stellen (den „Siedlungsauftrag" und das Statistische Reichsamt) verweigere. Er würde sich ja gern beleidigt auf sein Rittergut Dambeck zurückziehen, aber von der Pension allein könne er da nicht leben. Deswegen sehe er sich gezwungen, seine Sorgen dem Führer mitzuteilen, der ihm das Statistische Reichsamt ja bewilligt habe. Göring antwortet seinem „Freunde" kühl, Funks Einverständnis müßte eingeholt werden. Beide Wünsche sehe er im übrigen für realisierbar an.

Dieses schlagende Beispiel für die Stellenjägerei der nationalsozialistischen alten Kämpfer wirkt besonders grotesk, wenn man an die sattsam erwiesene Unfähigkeit Kerrls zurückdenkt. Ohne jedes Allgemein- und Fachwissen, in einem schlechten Stil sondergleichen maßt er sich so unterschiedliche Arbeitsgebiete wie die Leitung der Justiz, der kirchlichen Angelegenheiten, des Statistischen Reichsamtes und des Siedlungswesens neben der „Reichstelle für Raumordnung" gleichzeitig an und ist schließlich sogar bereit, auch noch eine Baubank auf die Beine zu stellen.

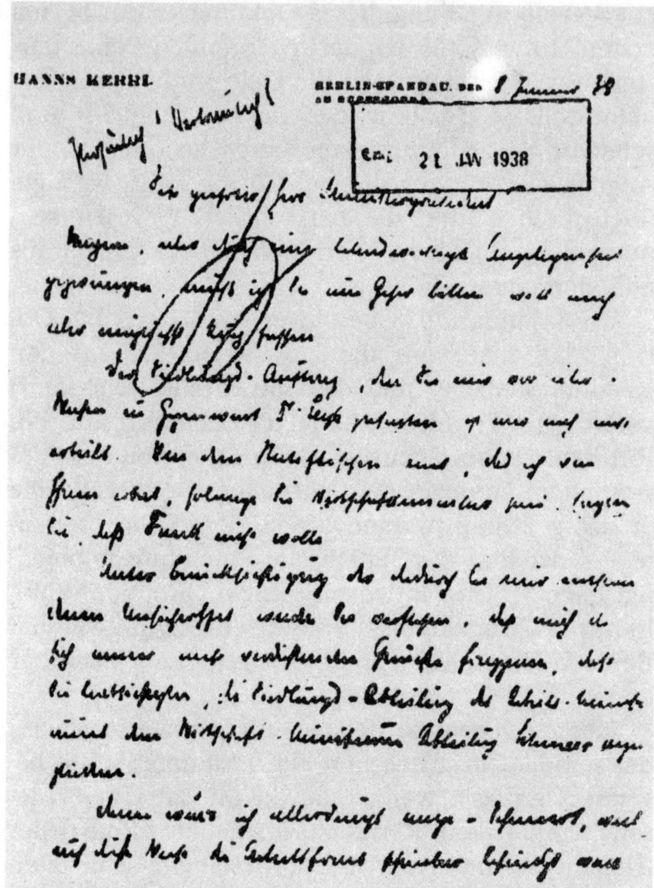

HANNS KERRL

BERLIN-SPANDAU, den 8 Januar 38

21 JAN 1938

Dokument Nr. 26. Brief Kerrls an Göring.
Faksimile der Seite 1 des Originals. Textabdruck auf Seite 65

Dokument Nr. 26

Brief Kerrls an Göring[16]

Hanns Kerrl *Berlin-Spandau, den 8. Januar 1938*
Am Rupenhorn 5

Persönlich! Vertraulich!

Sehr geehrter Herr Ministerpräsident!

Ungern, aber durch eine lebenswichtige Angelegenheit gezwungen, muß ich Sie um Gehör bitten, will mich aber möglichst kurz fassen.

Der Siedlungs-Auftrag, den Sie mir vor über sechs Wochen in Gegenwart Dr. Leys zusagten, ist mir noch nicht erteilt. Von dem Statistischen Amt, das ich von Ihnen erbat, solange Sie Wirtschaftsminister sind, sagten Sie, daß Funk nicht wolle.

Unter Berücksichtigung der dadurch bei mir entstandenen Unsicherheit werden Sie verstehen, daß mich die sich immer mehr verdichtenden Gerüchte frappieren, daß Sie beabsichtigen, die Siedlungs-Abteilung des Arbeits-Ministeriums dem Wirtschafts-Ministerium Abteilung Schmeer anzugliedern.

Dann wäre ich allerdings ange-Schmeert, weil auf diese Weise die Arbeitsfront scheinbar befriedigt wäre, zum Einspruch kaum Veranlassung hätte.

Dadurch, und weil ich unter solchen Umständen das Statistische Reichsamt auch nicht erhielte, wäre die Reichsstelle für Raumordnung zertrümmert. Wohl kann ich mir vorstellen, daß einen solchen Plan der

16 Faksimile der ersten Seite des Originals Seite 64.

Ägypter alias Neumann geschmiedet hat, aber nicht, daß Sie dazu Ihr Einverständnis geben.

Mir bliebe alsdann nichts Anderes zu tun als zum Führer zu gehen und ihm anzutragen, daß

a) meine im Bericht vorgetragenen Hoffnungen, daß Generaloberst Göring mir Siedlungs-Auftrag und Statistisches Reichsamt geben werde, gescheitert seien, und daß er deshalb die Leitung der RfR. ebenfalls dem Wirtschaftsministerium übertragen möge, weil für die ihr verbliebenden untergeordneten Arbeiten ich unmöglich Interesse aufbringen könnte, und

b) ebensowenig Befriedigung im Kirchenministerium für mich und eine Arbeit entspränge, die mir wohl Verantwortung nach außen, aber keine Handlungsfreiheit im Amte gäbe, und

c) mir deshalb gestattet würde, mich in die Verborgenheit zurückzuziehen.

Wenn ich nun aber in dieser Verborgenheit auf Dambeck säße, daß mir Dr. Herrmann liebenswürdigerweise zur Verfügung gestellt hat, zu dessen Ausbau und Einrichtung ich aber der vollen Einkünfte des Ministers bedarf, nicht nur der Pension, dann würde meine Ruhe dort immer verbittert sein durch die Gewißheit, daß ich meine Kaltstellung letzten Endes gerade dem Manne verdanke, dem neben dem Führer meine leidenschaftliche Bewunderung und Verehrung gilt. (...[17] wenn auch wider dessen Willen).

Damit dies nicht Wirklichkeit wird, erhebe ich laut schreiend meine Stimme und bitte Sie, sehr verehrter Herr Ministerpräsident, hören Sie mich eingehend, bevor Sie entscheiden.

17 Unleserlich!

Meine Frau und Tochter Gisela bitten um Empfehlungen und Grüße an Sie und Ihre verehrte Frau Gemahlin. Gisela hat am 6. Januar doch eine Träne zerdrückt, weil Sie selbstverständlich die Bedeutung dieses Tages für Gisela vergessen hatten.

Ich bitte um Empfehlungen an Ihre Frau Gemahlin und bleibe mit herzlichen Grüßen und Heil Hitler immer Ihr *Hanns Kerrl*[18]

Dokument Nr. 27
Brief Görings an Kerrl

Berlin, den 21. Januar 1938

Lieber Freund!

Ihren Brief vom 8. Januar habe ich erhalten. Ich bitte Sie, mir einen Entwurf für den Siedlungsauftrag einzusenden, und zwar so wie es damals besprochen war. Was die Gerüchte über die Siedlungsabteilung anbetrifft, so habe ich dieselben noch nicht gehört. Ich habe damit auch nichts zu tun, da es sich um ein Ressort des Arbeitsministers handelt. Jedenfalls kommt diese Abteilung nicht in das Wirtschaftsministerium.

Die Abgabe des Statistischen Reichsamtes an Sie kann ich ohne Einverständnis von Funk nicht vollziehen. Ich rate Ihnen deshalb, sich mit Funk in Verbindung zu setzen und sein Einverständnis herbeizuführen. Dann werde ich umgehend Ihrem Wunsche entsprechen. Sollte jedoch der Führer Ihnen tatsächlich die

18 Handschriftlicher Vermerk Görings: *„W i c h t i g Berlin – sofort vorlegen."*

Zusage des Statistischen Amtes gegeben haben, so brauchen Sie das ja nur Funk zu sagen, und die Sache geht dann noch einfacher über die Bühne. Sie können Funk sagen, daß ich der Meinung bin, daß das Statistische Reichsamt als Außenstelle, die allen zu dienen hat, eigentlich zur Raumordnung gehört, und daß es vor allem dringend darauf ankommt, daß alle statistischen Dinge in einer Hand vereint werden, um zu vermeiden, daß man vollkommen verschiedene Statistiken von den einzelnen Ressorts vorgelegt bekommt.

Den Siedlungsauftrag hätten Sie vermutlich schon längst, wenn Sie – wie vor langem ausgemacht – einen solchen Entwurf eingereicht haben würden. Sie werden verstehen, daß ich natürlich nicht an alles denken kann und solche zwischen Tür und Angel besprochenen Dinge nur dann durchführen kann, wenn ich rechtzeitig von der interessierten Stelle daran erinnert werde. Ich glaube, daß somit ein Teil Ihrer Wünsche bereits realisierbar ist, während die anderen ebenfalls durchaus im Bereich des Möglichen liegen.

Mit besten Grüßen und Heil Hitler!

Ihr Göring

Herrn R'min. Kerrl Berlin-Spandau

Dokument Nr. 28
Brief Kerrls an Göring

Hanns Kerrl — *Berlin W 8, 24. Jan. 38*
Reichsminister und Preußischer Staatsminister — *Leipziger Str. 3*
Fernruf 11 66 51

Persönlich!

Herrn
Ministerpräsidenten
Generaloberst Göring

Hier

Sehr geehrter Herr Ministerpräsident!

Auf Ihren liebenswürdigen Brief vom 21. ds. Mts., für den ich Ihnen herzlich danke, möchte ich zwei Feststellungen treffen:

1. *In der Unterredung, die Sie Dr. Ley und mir gewährten, bestimmten Sie zum Schluß:*
   Die Verordnung über den Wohnungsbau im Vierjahresplan ist sofort Sts. Körner vorzulegen. Dieser soll alsdann die beteiligten Minister (Wirtschaft – Finanz – Innenminister) laden. In dieser Sitzung werde ich die Herrn hören und die Verordnung verkünden.
   Die Verordnung ist durch Reichsstelle für Raumordnung und Arbeitsfront entworfen und Körner Anfang Dezember überreicht. Ich habe Körner Ihren Befehl ebenfalls mündlich übermittelt und bin immer wieder wegen der Entscheidung vorstellig geworden, ohne irgend etwas zu erreichen.
   Dr. Ley hat mich ebenfalls immer wieder bedrängt

und mir an Ihrem Geburtstage mitgeteilt, daß das Arbeitsministerium bereits eine Bank für Süddeutschland errichtet habe und für Norddeutschland in diesen Tagen errichten werde. Damit wäre das Neue, das unsere Verordnung bringen sollte, nämlich eine solche Baubank, dann schon überholt.

Daß irgendwelche Schuld wegen des Nichtzustandekommens der Verordnung an mir liegt, muß ich also bestreiten.

Wegen des Statistischen Amtes habe ich dem Führer Anfang Dezember nur einen Vortrag über meine Absicht gehalten und ihm gesagt, daß ich Sie gebeten hätte, mir das Stat. Amt zu geben, solange Sie Wirtschaftsminister wären. Hierzu verhielt sich der Führer zustimmend.

Ich bin der Auffassung, daß Verhandlungen mit Funk, die ich führe, kaum zu einem Erfolg führen, obwohl das Stat. Amt, wie mir jetzt mitgeteilt wird, selbst der Ansicht ist, daß es nicht zum Wirtschaftsministerium gehört, sondern eine Reichsbehörde für sich sein muß, evtl. aber dem Innenministerium unterstellt werden will.

Ich will mir noch einmal überlegen, ob ich mit Funk verhandele. Nach meinen Erfahrungen bin ich aber im allgemeinen der Ansicht, daß ich mich nicht mehr zu Arbeiten drängen will, die mir nicht von selbst übertragen werden. Allerdings muß ich nach wie vor der Auffassung bleiben, daß die Reichsstelle für Raumordnung nicht zu ihrer wirklichen Bedeutung anwachsen kann, wenn ihr nicht die Schwierigkeiten abgenommen werden, die ihr immer wieder durch das Arbeitsministerium gemacht werden, und wenn ihr nicht die Möglichkeit gegeben wird, das Statistische Amt so auszu-

bauen, daß es voll ausgenutzt wird für die Belange aller Ministerien.

Ich bitte um Empfehlungen an Ihre Frau Gemahlin und bleibe mit herzlichen Grüßen

und Heil Hitler
Ihr Kerrl

Am 4. Februar 1938 wird Ribbentrop Reichsaußenminister, ein furchtbarer Schlag für Rosenberg, den Leiter des Außenpolitischen Amtes der NSDAP, das als eine Art Aufsichtsbehörde neben das von Neurath geleitete Reichsaußenministerium gestellt worden war. Rosenbergs Hoffnung, selbst Reichsaußenminister zu werden, hatte sich nicht erfüllt.

Vor aller Welt fühlt er sich „bloßgestellt und in seiner Ehre berührt". Die gekränkte Eitelkeit des fanatischen Rußlandfeindes kann Göring sehr gut begreifen. Rosenberg verlangt, daß ihm nun wenigstens der offizielle Auftrag zur „Abwehr des Bolschewismus" erteilt und er in den „Geheimen Kabinettsrat" berufen wird, damit er bei seinen üblichen Vorträgen vor den Diplomaten im Hotel Adlon weiter als für die Außenpolitik führend auftreten kann.

Durch die Übertragung des Ostministeriums ist ihm nach dem Überfall auf die Sowjetunion sein Wunsch in einer Weise erfüllt worden, die er sich im Jahre 1938 gewiß noch nicht hat träumen lassen und die ihm im Jahre 1946 den Hals brach. Aber nicht sachliche Gesichtspunkte sind für den Brief kennzeichnend, sondern die ausschließlich egoistische Einstellung des Mannes, der für die „Säuberung der nationalsozialistischen Weltanschauung" eingesetzt war.

Dokument Nr. 29

Brief Rosenbergs an Hitler

Der Beauftragte des Führers
für die Überwachung der gesamten geistigen
und weltanschaulichen Schulung
und Erziehung der NSDAP

Berlin W 35, den 6. Febr. 1938
Margaretenstr. 17

Mein Führer!

Da ich Sie hier nicht sprechen konnte, habe ich gebeten, am Dienstag empfangen zu werden, und heute, da die vorliegende Frage mich zutiefst berührte, Parteigenossen Göring über folgendes unterrichtet:

Sie, mein Führer, hätten mich mit einem Auftrag zur Sicherung der nationalsozialistischen Weltanschauung und Abwehr des Bolschewismus betraut, dessen Formulierung seit längerem unter Hinzuziehung von Dr. Lammers besprochen würde. Dieser Auftrag sollte verbunden werden mit der Umbenennung des Außenpolitischen Amtes der NSDAP im Sinne des Auftrags und damit, wie ich glaubte annehmen zu müssen, die eventuelle Ernennung von Pg. v. Ribbentrop vorbereiten.

Durch die Verfügung des 4. Februar wurde Pg. v. Ribbentrop zum Reichsaußenminister ernannt, ohne daß zugleich mein Auftrag veröffentlicht wurde. Dadurch stände ich vor der Situation, daß nach einem von früher her amtierenden Außenminister nunmehr ein Nationalsozialist an seine Stelle getreten und ins Geheime Reichskabinett berufen worden sei, ohne daß der Reichsleiter des Außenpolitischen Amtes der NSDAP, das, da der Auftrag nicht unterzeichnet ist, de facto noch besteht, in irgendeiner Weise in Betracht gezogen wurde. Für den 10. Februar seien die Diplomaten wieder meine Gäste zu den üblichen Vorträgen im Hotel Adlon. Ich fühle mich vor aller Welt bloßgestellt und in meiner Ehre berührt. Ich könne vor das Ausland nicht hintreten, eine Absage der Einladung aber verschlimmere die Lage nur. Darüber hinaus sei meine Tätigkeit für die weltanschauliche Erziehung ebenso miterschüttert, da sie gleichsam auch desavouiert erscheine. Man könne nur annehmen, daß ich für irgendein Vergehen bestraft würde, wobei Sie, mein Führer, noch vor wenigen Tagen so freundlich mir meine langjährige Treue und Loyalität bestätigt hätten.

Parteigenosse Göring erwiderte, nach dieser eingehenden Darstellung, er könne mich voll begreifen und müsse mir zustimmen. Er werde beim Führer für den Auftrag, dessen beiliegenden Wortlaut er durchlas, wärmstens eintreten.

Ich sagte darauf, durch die Errichtung des Geheimen Rats sei eine neue Lage entstanden. Die Führung einer Abwehr des Bolschewismus sowie die richtige Leitung der weltanschaulichen Erziehung seien nur durch dauernde genaue Unterrichtung möglich, ich schlüge vor, zu erwägen, den Auftrag mit einer Berufung in den Geheimen Kabinettsrat zu verbinden.

Parteigenosse Göring stimmte auch hier zu, sagte aber, in den Rat kämen nur Reichsminister, und auch hier würde er seinerseits Ihnen, mein Führer, vorschlagen, mich zum Reichsminister zu ernennen und mich in den Geheimen Rat zu berufen (ohne damit ein Mini-

sterium zu errichten). Parteigenosse Göring regte an, noch einmal mit Dr. Lammers Rücksprache über die staatsrechtlich formale Seite des Auftrages zu nehmen.

Ich traf Dr. Lammers, der verreist war, nicht an, jedoch einen kurzen Brief, in dem er mitteilte, Sie, mein Führer, hätten noch keine Entscheidung getroffen; es sei möglich, daß er nach Berchtesgaden befohlen werde, er bat mich jedoch, Ende der Woche mit ihm Rücksprache zu nehmen.

Da die anfangs geschilderte Lage wohl nicht in Betracht gezogen worden war, bitte ich Sie, mein Führer, auch unter Fürsprache von Parteigenossen Göring, mich so schnell als irgend möglich zu empfangen. Es geht, verzeihen Sie, wenn ich das e i n m a l erwähne, um das Ansehen und die Ehre eines Mannes, der Ihnen 18 Jahre gedient hat und dessen Wirksamkeit durch die geschilderte Lage unterbunden ist.

Heil, mein Führer
A. Rosenberg

Ein Beispiel für den Opportunismus, der die deutsche Diplomatie während der Zeit des Naziregimes beherrschte, bietet der Brief Ulrich von Hassells vom 18. April 1938, der vor der Einverleibung Österreichs von seinem Botschafterposten in Rom abberufen worden war. Er ist „wortlos zur Disposition" gestellt worden und weiß nun nicht, wie er „disponieren" soll. Zu gern möchte er andernorts wieder für die Nazis tätig werden und glaubt, daß seine Arbeit bisher ihnen sehr nützlich gewesen sei. Man hat ihn kalt abfallen lassen. Hier sehen wir, aus welchen Erlebnissen Hassell die Konsequenzen zog, als er zu den Gegnern des Naziregimes überging. Dieser Mann gehört zu den Teilnehmern und Opfern des 20. Juli 1944. Aber sein Brief vom 18. April 1938 gibt uns die bittere Erkenntnis, daß enttäuschter Ehrgeiz, nicht aber Überzeugung diesen Mann dem Nazismus entfremdet hat. Hassell steht damit nicht allein unter den Verschwörern des 20. Juli.

Dokument Nr. 30

Brief Hassells an Göring[19]

Feldafing, Haus Tirpitz, 18. 4. 38
(Oberbayern)

Hochverehrter lieber Herr Göring!

Am 11. März bin ich, von Rom kommend, über den Brenner durch Österreich gefahren, wäre also beinahe persönlicher Zeuge der großen Ereignisse gewesen, an denen Ihr entscheidender Anteil niemand besser bekannt ist als mir! Welche besonderen persönlichen Empfindungen Sie in diesen Tagen erfüllt haben, ist mir ebenso gegenwärtig; ich brauche nur an Mauterndorf und an Ihre Schwestern und an den armen Rigele zu denken, der das leider nicht mehr erlebt hat! In politischer Hinsicht habe ich mit Vergnügen gesehen, welche Haltung Mussolini eingenommen hat, und ich glaube, daß auch meine Arbeit in der Hinsicht nützlich gewesen ist. – Daß die großen Dinge meine persönliche Sache zurückdrängten, verstand sich von selbst.

19 Handschriftliche Notiz Görings am Kopf des Briefes: „*z. d. A.*"

Nunmehr aber sind ja die neuen Besetzungen im westenlichen vollzogen. Sie sagten mir am 5. 2., gegen mich wurde keinerlei Vorwurf erhoben; nach Ihrer Kenntnis wolle der Führer mich an anderer Stelle verwenden; ich würde sicherlich bald etwas erfahren und auch vom Führer empfangen werden. Indessen habe ich in den vergangenen 2½ Monaten außer einer wortlosen z. D.-Stellung nichts gehört. Ich kann diese Behandlung nicht als gerechtfertigt ansehen. Wie ich disponieren soll, weiß ich nicht; meine Möbel stehen auf dem Münchener Speicher. Ich will nun am 21. abends in Berlin eintreffen, mich bei H. v. Ribbentrop melden und um einen Empfang beim Führer bitten. Sehr dankbar wäre ich, wenn Sie mich einen Augenblick empfangen und mir nach dem Hotel Adlon Tag und Stunde angeben lassen wollten!

In treuer Gesinnung mit Heil Hitler!

stets Ihr
Ulrich Hassell

Erz für den A-Fall

Es bedarf heute, nach den erschöpfenden Dokumenten und Zeugenaussagen in dem Nürnberger Hauptkriegsverbrecher-Prozeß, keines besonderen Nachweises mehr, daß der zweite Weltkrieg von den Nationalsozialisten und den hinter ihnen stehenden monopolkapitalistischen Wirtschaftskreisen gewollt und systematisch vorbereitet worden ist.

Unser Dokumentenfund bietet dazu ein unmißverständliches Beispiel in dem Brief, den der Kommerzienrat Dr. rer. pol. h. c. Dr.-Ing. e. h. Röchling, der bekannte Eisen- und Stahlindustrielle, am 27. März 1937 an Göring gerichtet hat.

Aus dem Briefe geht zunächst hervor, daß Göring bereits im November 1935 mit Röchling über die Erzbeschaffung für den Kriegsfall verhandelt hat. Röchling ist kein Freund des „Leisetretens". Das sieht man auch aus seinen Vorschlägen. Die Erzvorkommen in Süddeutschland sollen ausgebeutet und verarbeitet werden, und zwar zum größten Teil von seiner eigenen Firma, natürlich „mit der nötigen Staatshilfe". „Menschenreserven" seien immer noch vorhanden; sie seien allerdings „durch die lange Arbeitslosigkeit heruntergewirtschaftet", man müßte sie und ihre Familien erst „aufpäppeln". Aber auf diese Weise seien ein paar 100000 gute Arbeitskräfte zu gewinnen: „Also zuerst an Ort und Stelle aufpäppeln und an Arbeit gewöhnen, die Männer dann verpflanzen und die Familien nachkommen lassen."

Dieser wahrhaft pharaonische Ton zeigt den Hochkapitalismus in allen seinen Eigenschaften: Verflechtung mit der Rüstungswirtschaft, die mit allen Mitteln betrieben wird; Abwälzung aller Risiken auf den Staat, d. h. auf das Volk; die Arbeiter als Produktionsreserve, die wie das Vieh aufgepäppelt werden, um dann für die Arbeit im Bergbau und Hüttenwesen brauchbar zu sein; Verpflanzung „dieser Reserven" an Orte, die für die Rentabilität des Unternehmens günstiger liegen als die Heimat der Arbeiter; selbstverständliche Einkalkulierung des „Falles A", d. h. des Krieges als eines Mittels der sogenannten nationalen, in Wirklichkeit aber imperialistischen Wirtschaftspolitik und bei allem die zynische Einsicht, daß es in einem solchen Falle diesmal um den Bestand des deutschen Volkes geht, der dem Saarindustriellen sehr gleichgültig ist, wenn nur seine Geschäfte nicht gestört werden.

Dokument Nr. 31

Brief Röchlings an Göring[20]

Hermann Röchling Völklingen, den 27. März 1937

Sehr verehrter Herr Ministerpräsident!

Bei der Besprechung, die wir am 18. d. M. bei Ihnen hatten, durfte ich darauf hinweisen, daß ich Ihnen anfangs November 1935 bei Ihrem Besuche in Saarbrükken gesagt hatte, daß wir genug Eisenerze in Deutschland hätten, um unseren Bedarf zu decken. Ich habe damals, wie Sie sich vielleicht entsinnen werden, auch die Meinung vertreten, daß wir in einer möglichen kriegerischen Auseinandersetzung durchaus nicht auf die Zufuhr von Schwedenerzen rechnen könnten. Sie waren damals anderer Meinung. Ich erinnere an diese Sache nicht, um zu beweisen, daß ich Recht behalten hätte, sondern lediglich darum, daß Sie meiner Bitte entsprechen, in der nachstehend behandelten Angelegenheit auf mich zu hören.

Die große Aufgabe, Deutschland im Notfalle ganz mit eigenen Erzen zu versorgen, umfaßt m. E. mindestens die Herstellung von 14 Millionen Tonnen Rohei-

20 Faksimile der ersten Seite des Originals Seite 79. – Handschriftliche Bemerkung Görings am Kopf des Briefes: *„zdA Röchling und Bürkel zum Empfang bestellen. Gg."*

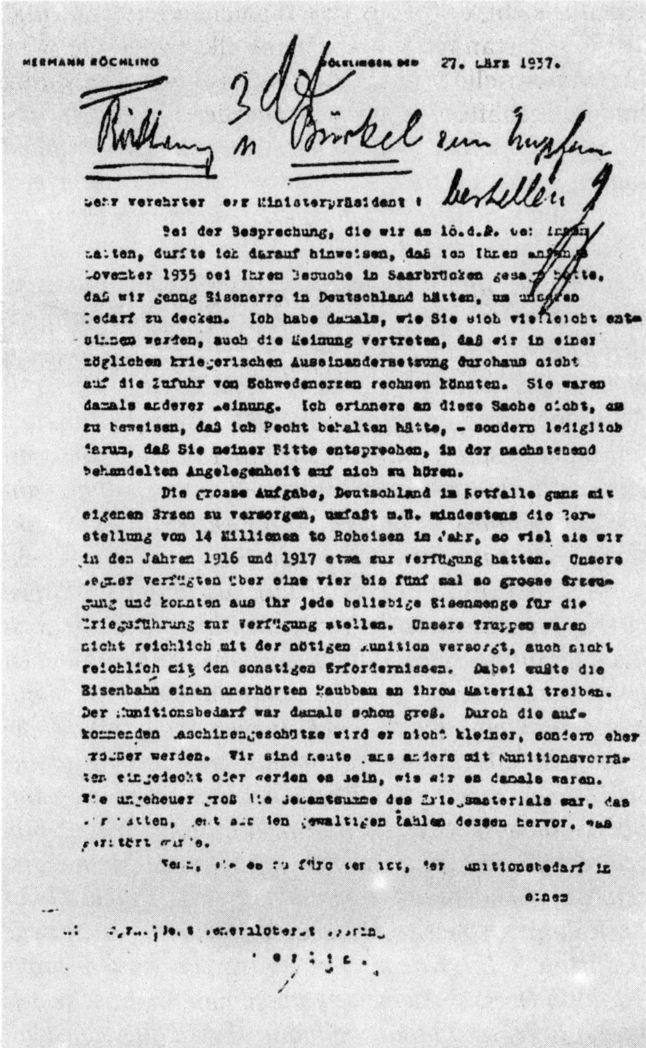

HERMANN RÖCHLING VÖLKLINGEN, DEN 27. März 1937.

Sehr verehrter Herr Ministerpräsident !

Bei der Besprechung, die wir am 16.d.M. bei Ihnen hatten, durfte ich darauf hinweisen, daß ich Ihnen anfangs November 1935 bei Ihrem Besuche in Saarbrücken gesagt hätte, daß wir genug Eisenerze in Deutschland hätten, um unseren Bedarf zu decken. Ich habe damals, wie Sie sich vielleicht entsinnen werden, auch die Meinung vertreten, daß wir in einer möglichen kriegerischen Auseinandersetzung durchaus nicht auf die Zufuhr von Schwedenerzen rechnen könnten. Sie waren damals anderer Meinung. Ich erinnere an diese Sache nicht, um zu beweisen, daß ich Recht behalten hätte, - sondern lediglich darum, daß Sie meiner Bitte entsprechen, in der nachstehend behandelten Angelegenheit auf mich zu hören.

Die grosse Aufgabe, Deutschland im Notfalle ganz mit eigenen Erzen zu versorgen, umfaßt m.E. mindestens die Herstellung von 14 Millionen to Roheisen im Jahr, so viel wie wir in den Jahren 1916 und 1917 etwa zur Verfügung hatten. Unsere Gegner verfügten über eine vier bis fünf mal so grosse Erzeugung und konnten aus ihr jede beliebige Eisenmenge für die Kriegsführung zur Verfügung stellen. Unsere Truppen waren nicht reichlich mit der nötigen Munition versorgt, auch nicht reichlich mit den sonstigen Erfordernissen. Dabei mußte die Eisenbahn einen unerhörten Raubbau an ihrem Material treiben. Der Munitionsbedarf war damals schon groß. Durch die aufkommenden Maschinengewehre wird er nicht kleiner, sondern eher grösser werden. Wir sind heute ganz anders mit Munitionsvorräten eingedeckt oder werden es sein, wie wir es damals waren. Wie ungeheuer groß die Gesamtsumme des Kriegsmaterials war, das wir hatten, geht aus den gewaltigen Zahlen dessen hervor, was zerstört wurde.

Wenn, wie es zu fürchten ist, der Munitionsbedarf in einem

[illegible] Generaloberst Göring
Berlin.

Dokument Nr. 31. Brief Röchlings an Göring. Faksimile der Seite 1 des Originals. Textabdruck auf den Seiten 78 und 80 *sen im Jahr, so viel als wir in den Jahren 1916 und 1917 etwa zur Verfügung hatten. Unsere Gegner verfügten über eine vier- bis fünfmal so große Erzeugung und konnten aus ihr jede beliebige Eisenmenge für die Kriegsführung zur Verfügung stellen. Unsere Truppen waren nicht reichlich mit der nötigen Munition versorgt, auch nicht reichlich mit den sonstigen Erfordernissen. Dabei mußte die Eisenbahn einen unerhörten Raubbau an ihrem Material treiben. Der Munitionsbedarf war damals schon groß. Durch die aufkommenden Maschinengeschütze wird er nicht kleiner, sondern eher größer werden. Wir sind heute ganz anders mit Munitionsvorräten eingedeckt oder werden es sein, wie wir es damals waren. Wie ungeheuer groß die Gesamtsumme des Kriegsmaterials war, das wir hatten, geht aus den gewaltigen Zahlen dessen hervor, was zerstört wurde.*

Wenn, wie es zu fürchten ist, der Munitionsbedarf in einem kommenden Kriege noch größer sein wird, so ist auch die Summe des Materials, das in der Fertigung ist (vom Roheisen, das den Hochofen verläßt, bis zur fertigen Granate), entsprechend größer; sie wird mindestens einer Viermonatsproduktion entsprechen, wahrscheinlich wesentlich höher sein. Es ist also eine unübersehbare Masse dessen, was für einen A-Fall erforderlich ist. Unübersehbar ist auch die Menge dessen, was bereitgestellt werden muß. Unübersehbar auch das, was neu zu fertigen ist. Dazu kommen neue Bedürfnisse im Kriege. Die Franzosen bauen große Tankhindernisse; sie setzen lange Eisenbahnschienen in die Erde, so daß ein vollkommenes Gitter entsteht, das dem Soldat das Durchschlüpfen ermöglicht, jedoch dem Tank das Vorgehen unmöglich machen soll. Ob diese oder eine andere Form die Tankabwehr im Kriege sein wird, weiß ich nicht. Aber daß irgendwelche neue Verteidigungsmaßnahmen kommen, um überraschende Tankangriffe zu verhindern, scheint mir mehr wie wahrscheinlich. Es entstehen also noch zusätzliche Bedürfnisse in einem Kriegsfalle. Für diese gilt es Vorsorge zu treffen.

Es ergibt sich also die Folgerung, daß wir mindestens die Roheisenmenge des Krieges mit 14 Millionen Tonnen Eisen im Jahr zur Verfügung haben müssen, wenn wir einigermaßen unsere Bedürfnisse decken wollen. Sie werden vielleicht sagen, daß Sie das auch möchten, daß das aber nicht erreichbar sei. Ich würde Ihnen darauf erwidern: „Da die Erzmengen vorhanden sind, wir auch immer noch Menschenreserven haben, so ist nicht einzusehen, warum dieses Ziel nicht erreicht werden kann." Denn

1. Wir haben in Süddeutschland südlich des Mains sehr große Bodenschätze, die leicht und in kurzer Frist aufgeschlossen werden können. Als Beispiel nenne ich die Eisenerzvorräte zwischen der oberen Donau östlich von Donaueschingen und dem Hochrhein bei Schaffhausen (Versandstation Zollhaus Blumberg). Diese Erzlagerstätten enthalten sicher 200 Millionen Tonnen Eisen; es muß bei ihnen möglich sein, innerhalb einer angemessenen Frist von höchstens sechs Jahren 2 Millionen Tonnen Eisen, gleich 8½ Millionen Tonnen Erz im Jahr zu fördern. Ich stelle mir vor, daß 1 Million Tonnen Eisen an Ort und Stelle in Hochöfen verschmolzen wird; diese Menge müßte dort auch weiterverarbeitet werden. Zwei Hochofenanlagen von je vier Hochöfen von je 500 Tonnen Leistung in 24 Stunden wären zu errichten. Je zwei Hochöfen (also vier) könn-

ten bis Ende nächsten Jahres fertiggestellt werden, so daß bereits im Jahre 1939 ½ Million Tonnen Roheisen aus dieser Quelle fließen würde; im Jahre 1940 könnte 1 Million Tonnen erreicht sein, wenn rechtzeitig das Erz zu beschaffen ist. Ich halte auch das nicht für unmöglich.

Über Einzelheiten des Vorgehens habe ich bereits mit Herrn Pleiger vom Amt für deutsche Roh- und Werkstoffe gesprochen. Ich würde eine Anlage mit vier Hochöfen mit der nötigen Staatshilfe erstellen, wozu auch der nötige Rückhalt hinsichtlich der Verfügung über die Erzlagerstätten gehören müßte. Die zweite Anlage müßte von einer anderen Firma erbaut werden. Ein erheblicher Teil des Kokses würde an Ort und Stelle erzeugt werden. Das anfallende Gas könnte zur Versorgung des ganzen Schwarzwaldgebietes, der Städte Stuttgart, Ulm, Konstanz und gegebenenfalls einer Anzahl von Schweizer Städten wie Zürich, Baden, Aarau usw. benutzt werden. Um ein derartiges Unternehmen möglich zu machen, wäre die Bereitstellung von 1½ Millionen Tonnen Kokskohlen von der Saar im Jahre 1940, 1939 die Hälfte, erforderlich; ein Teil würde zweckmäßig an der Saar verkokt werden. Damit das Unternehmen zu wirtschaftlich tragbaren Zahlen kommt, müßte seitens der Reichsbahn eine Kohlen- und Koksfracht von der Saar nach Südbaden von 1 Pf. auf den t/km = dem doppelten Betrag der jetzigen Erzfracht von ½ Pf. von Zollhaus Blumberg nach der Saar bewilligt werden. Auch eine stark verbilligte Roheisenfracht wäre notwendig, da ein erheblicher Teil des in Südbaden erzeugten Eisens zur Saar gefahren werden müßte (zum mindesten eine Zeitlang), um dort in Stahl- und Fertigfabrikate verwandelt zu werden, welche Erzeugnisse dann wieder nach Osten an den Doggererzlagerstätten vorbei zu unseren süddeutschen Absatzgebieten gefahren werden müßten. Das scheinen mir alles keine unlösbaren Aufgaben zu sein. Mit eingehenden Angaben darüber, was möglich ist, wird Herr Pleiger leicht dienen können.

Ich glaube, aus der Besprechung die Absicht herausgehört zu haben, die Erzlagerstätten nur so weit vorzurichten, daß im A-Falle die Förderung sofort aufgenommen werden könnte oder daß sie dann auf die erforderliche Höhe gebracht werden sollte. Falls ich richtig verstanden habe, so möchte ich dringend vor einem solchen Vorgehen warnen. Es gibt nur eine Möglichkeit der raschen Steigerung der Förderung im Bergbau; das ist, wenn es sich um Tagebau handelt. Wo es sich um unterirdischen Bergbau handelt (und das ist bei sicher 99 Prozent unserer Erzgruben der Fall), ist eine Steigerung der Erzeugung von heute auf morgen überhaupt nicht möglich. Es bedarf dazu einer großen Zahl von sehr gut ausgebildeten Bergleuten, um eine Förderung im großen Stile aufrechtzuerhalten. Dies erst recht, wenn eine entsprechende Vermehrung der Förderung erzielt werden soll. Daß dies der Fall ist, ersehen Sie, sehr verehrter Herr Ministerpräsident, aus der Tatsache, daß auch der Steinkohlenbergbau in einer Zeit des großen Kohlenbedarfs wie der jetzigen nur relativ langsam mit seiner Förderung in die Höhe klettern kann. Die Abbaumethoden des Steinkohlenbergbaues sind aber im wesentlichen diejenigen, auf denen ein ganz großer Teil der neu erschlossenen und noch zu erschließenden Erzlagerstätten beruhen wird. Ich kann also nur den dringenden Rat geben, die Erzförderung auf das Maß zu steigern, das wir im A-Falle benötigen. Diese Erze müssen wir dauernd verbrauchen. Es wird sich dann herausstellen, daß die Wirtschaft die Wege gehen wird, die es ihr gestatten, mit einer nicht zu großen Verteuerung ihrer Selbstkosten durchzukommen, so daß sie nicht über diesen Ausgaben erliegt. Und im übrigen gibt es Maßnahmen genug, von denen auch im Vorstehenden die Rede war, durch die der Staat diese Arbeit fördern kann.

2. Die Frage der Menschen, die für diese Arbeit notwendig sind, ist sicher nicht unlösbar. Es wird zwar in vielen Gegenden gesagt, es gäbe keine Arbeitslosen mehr, zum mindesten keine Leute mehr, die für die Arbeit verwertbar wären. Das ist sicher nicht richtig. Richtig ist aber, daß ein großer Teil der Arbeitslosen durch die lange Arbeitslosigkeit körperlich und geistig so heruntergewirtschaftet ist, daß die Leute nur durch sorgfältigste Aufpäppelung (und zwar mit den Familien!) und durch allmähliche Heranziehung zur Arbeit wieder in Ordnung gebracht werden können. Das wird bei dem einen etwas länger, bei dem anderen etwas kürzer dauern. Aber bestimmt sind in dieser Form noch ein paar hunderttausend gute Arbeitskräfte zu gewinnen, wenn man es richtig anfängt. Aber anfangen muß man es einmal. Ich glaube auch nicht, daß es geht, daß man die Männer von ihren Familien trennt; denn die Hauptklage der Arbeitsämter geht ja dahin, daß die Leute sich nicht darauf einließen. Also zuerst an Ort und Stelle aufpäppeln und an Arbeit gewöhnen, die Männer dann verpflanzen und die Familien nachkommen lassen. Viel anders wird es nicht gehen. Ich wollte Ihnen an diesen Beispielen nur zeigen, wie unendlich viel mehr noch geleistet werden kann, wenn die Sache richtig angepackt wird. Also stellen Sie Ihre

Forderungen nicht zu niedrig. Denn wenn wir darauf angewiesen werden sollten, uns selbst zu versorgen, so geht es restlos, wie Sie richtig sagten, um den Bestand des deutschen Volkes. Man kann nicht schwarz genug sehen, wenn wir dann unterliegen sollten. Sie haben vollkommen recht mit dem, was Sie sagten.

Und noch eins: Ich warne davor, unsere Kräfte und unsere Arbeit zu verzetteln in fremden, fernliegenden Ländern wie Brasilien, wo mehrere hundert Kilometer Eisenbahnen gebaut werden müssen, um ein zwar sehr großes, aber noch gänzlich unverritztes Eisenerzvorkommen nutzbar zu machen. Nehmen Sie mir das harte Wort nicht übel: Das sind Spielereien, die nichts nützen, wenn es um den letzten Einsatz geht, die aber die Verantwortlichen in der Industrie von der großen Aufgabe ablenken, die im Innern unseres Landes – und nur da! – gelöst werden muß.

Ich bitte mir die Offenheit nicht übel zu nehmen, mit der ich diese Dinge ausspreche. Aber hier kann nichts Gutes mit Leisetreten geschehen!

Heil Hitler!
Ihr sehr ergebener
H. Röchling

Aber Göring hatte eigennützigere Pläne, die er in ziemlich plumper Weise gemeinnützig verbrämte. Er faßte die Erzvorkommen und ihre Verarbeitung an Ort und Stelle in dem Riesenkonzern der „Reichswerke Hermann Göring“ zusammen. Dem Widerspruch der Industrie, der ihre Profitmöglichkeiten geschmälert sah, begegnete er mit Drohungen und Gewalt, wie die Telegramme an den Reichsfinanzminister, an neun Großindustrielle und an Krupp belegen. „Krassester Wirtschaftsegoismus" beherrsche die Industrie; die Düsseldorfer Denkschrift des Stahlvereins sei „Sabotage gegen die Reichsinteressen".

Die neun Großindustriellen gaben nach, nachdem ihr Führer, Krupp von Bohlen-Halbach, der Leiter der Reichsgruppe Industrie, durch Versprechungen Görings gewonnen worden war. Diese Versprechungen waren ausnahmsweise diesmal real fundiert, denn tatsächlich wurde die deutsche Wirtschaft, nicht nur die deutsche Eisen- und Stahlwirtschaft, der Großindustrie in der Folgezeit restlos ausgeliefert. Damit wurde die Großindustrie nicht nur für die Rüstung zum imperialistischen Kriege, sondern auch für seine Durchführung unter allen Umständen gewonnen. Dies war gleichzeitig der Beginn des dann folgenden völligen Ruins des Mittelstands.

Dokument Nr. 32

Telegramm Görings an Graf Schwerin-Krosigk

1. Telegramm

Reichsfinanzminister Graf Schwerin-Krosigk

Sehr geehrter Herr Graf! Ich bitte Sie dringend, weder von Poensgen noch anderen Interessenten Vorstellungen gegen die Reichswerke entgegenzunehmen stop die Unterlagen der Herren sind leicht zu entkräften stop es geht hier darum, ob die Reichsinteressen oder krassester Wirtschaftsegoismus vorherrschen soll stop ich bitte Sie, in diesem Sinne auch Ihren Ministerialdirigenten Nasse zu unterrichten stop ich weiß, daß dauernd Versuche gemacht werden, Herrn Nasse gegen die Reichswerke zu stellen.

Heil Hitler!
Ihr Göring

2. Telephonzentrale mit der Bitte um Absendung obigen Telegramms und Rückgabe der Unterlagen.

Berlin, den 24. August 1937

Dokument Nr. 33

Telegramme Görings an neun Industrielle und Krupp v. Bohlen

a) STAATS-TELEGRAMM

Dringend

Ich bitte Sie dringend, sich an der Düsseldorfer Denkschrift des Stahlvereins nicht zu beteiligen stop die Machenschaften des letzteren gegen die Reichswerke nehmen mehr und mehr die Form von Sabotage an.

Heil Hitler!
Göring

Vorstehendes Telegramm ist zu senden:

1. Präsident Haecker, Ilseder Hütte, H a n n o v e r[21]
2. Gen.-Dir. Zangen, Mannesrohr, D ü s s e l d o r f[22]
3. Gen.-Dir. Flick, B e r l i n W 9, Bellevuestr. 12a,
4. Kommerzienrat Röchling, S a a r b r ü c k e n,
5. Otto Wolf, K ö l n,
6. Generaldirektor der Stummschen Eisenwerke N e u n k i r c h e n (Saar),
7. Professor Goerens, Kruppwerke AG., E s s e n.

Telegramm

b) Krupp v. Bohlen-Halbach, E s s e n

Ich bitte Sie, Ihren Herren Anweisung zu geben, die vom Stahlverein angeregte Denkschrift der deutschen Hüttenwerke nicht zu unterschreiben stop das Vorgehen gegen die Reichswerke grenzt bereits an Sabotage stop gerade für Krupp werden die Werke von besonderer Bedeutung sein, da ich vorhabe, mit Ihnen zusammen einen ganz großen Plan für die deutsche Rüstung durchzuführen stop ich habe darüber dem Führer bereits Vortrag gehalten stop ich würde es begrüßen, wenn ich am dritten September in Berlin mit Ihnen oder mit einem Ihrer verantwortlichen Herren über diesen Plan sprechen könnte. Heil Hitler! Göring

21 Ewald Hecker (nicht Haecker), Leiter der Industrieabteilung der Wirtschaftskammer Niedersachsen, Vorsitzender des Aufsichtsrates der Ilseder Hütte, Hannover.

22 Wilhelm Zangen, Generaldirektor der Mannesmannröhrenwerke, nachmals Leiter der Reichsgruppe Industrie, Vorsitzender der Ausfuhrgemeinschaft für Kriegsgerät, stellvertretender Leiter der Wirtschaftsgruppe Eisenschaffende Industrie, Düsseldorf.

S-TELEGRAMM a)

ist noch zu senden an:

1. Direktor Baberg, Hoesch Eisen und Stahlwerke, Dortmund,
2. Klöckner, Duisburg. *den 24. 8. 1937*

In diese Zusammenhänge hinein gehören auch die Bemühungen Görings, den größten österreichischen Konzern auf diesem Gebiete, die Alpine-Montan-Gesellschaft, in seine Pläne einzubeziehen. Der Brief des Rechtsanwalts Dr. Hueber, des Schwagers von Göring, vom 16. November 1937, also geraume Zeit vor der Einverleibung Österreichs, gibt einen guten Einblick in diese Machenschaften. Der Vorsitz im Vorstand der Gesellschaft soll dem Manne zugeschanzt werden, der den Erzlieferungsvertrag mit dem Deutschen Reich durchgebracht hat.

Dokument Nr. 34

Brief Huebers an Göring

Dr. Franz Hueber *Wels, am 16. November 1937*
Öffentl. Notar Wels
Bäckergasse Nr. 7
Fernruf Nr. 160

Herrn
Ministerpräsidenten Generaloberst
Hermann Göring,

Berlin
Leipziger Platz 11a

Mein lieber Hermann!

Über die Verhältnisse bei der Montan-Gesellschaft berichte ich kurz folgendes:

Die Verträge mit dem derzeitigen Vorstand, bestehend aus Ing. Oberegger, Fleischmann und Dr. Meindl müssen bis 30. ds. Ms. gekündigt werden, widrigenfalls sie ab 1. April 1938 auf 2 Jahre (Oberegger und Meindl), beziehungsweise 1 Jahr (Fleischmann, der 60 Jahre alt wird und damit ausscheidet) verlängert sind.

Dr. Vögler beabsichtigte, Ing. Maltzscher in den Vorstand zu nehmen, der seine Sitze bei den Banken, vor allem beim Präsidenten der Nationalbank, Dr. Kienböck, hat. Maltzscher stellt jedoch die Bedingung, daß er nur als Generaldirektor eintreten wolle.

Weder Oberegger noch Meindl wollen jedoch unter Maltzscher arbeiten. Oberegger hat dabei seine Stütze an Staatssekretär Zermatto und damit am Bundeskanzler.

Meindl beruft sich jetzt darauf, daß ihm im Januar 1936 ausdrücklich für später der Vorsitz im Vorstand zugesagt wurde, und daß er beim Handelsminister Dr. Taucher den Erzlieferungsvertrag mit dem Reich über 500000 bis 1000000 t Erz durchgebracht habe. Dagegen scheint Dr. Vögler dem Meindl die seinerzeitige Vorsprache bei Dir noch immer übel zu nehmen und daher nach wie vor eine andere Lösung zu suchen als den Vorsitz Meindls. Da sich aber die geplante gänzliche Ausschaltung Obereggers als unmöglich erwiesen hat, so halte ich persönlich nach wie vor die Lösung mit dem Vorsitz Meindl im Vorstand ohne Ernennung eines Generaldirektors für das beste Erreichbare, weil dafür rein rechtlich das obige Versprechen angeführt werden kann. Dieses Versprechen hatte keinen politischen Hintergrund, sondern den, daß Meindl seine Stellung als Zentral-Direktor der Österreichischen Kraftwerke aufgab, als er in die Alpine eintrat.

Mit herzlichen Grüßen und

Heil Hitler, Dein
Franz

Waffen für China

Neben der Erzbeschaffung ist die Versorgung mit Devisen für die Rohstoffeinfuhr das Hauptproblem der Aggressoren. Auch dafür war Göring als Beauftragter für den Vierjahresplan zuständig. Daß er dabei nicht kleinlich war in der Wahl der Mittel und es ihm sogar auf eine handfeste Erpressung nicht ankam, geht aus seinem Schriftwechsel mit dem japanischen Militärattaché Oshima hervor. Sein Brief vom 7. Mai 1938 stellt an Japan das Ansinnen, Deutschland für das deutsche Verbot der Waffenlieferungen an China mit Devisen zu entschädigen. Göring fragt „bescheiden" um Rat, wie die Sache „geordnet" werden könnte. Wenn Japan nicht zahle, müsse Deutschland leider noch „möglichst unbedeutende Waffen" nach China ausführen.

Dokument Nr. 35
Brief Görings an Oshima

Geheim!

Ministerpräsident *Berlin, den 7. Mai 1938*
Generalfeldmarschall Göring

An den Japanischen Militärattaché
Herrn
Generalmajor Hiroshi Oshima,
Berlin W 30, Nollendorfplatz 2

Sehr verehrter Herr General!

In Verfolg unserer neulichen Besprechung möchte ich Sie noch einmal darauf hinweisen, in welch schwieriger Lage ich mich als Beauftragter für die Durchführung des Vierjahresplanes befinde in bezug auf unsere Devisenlage. Ich habe nun das Verbot der Waffenlieferungen an China verhängt und die schärfste Durchführung gefordert. Das bedeutet, daß dem Deutschen Reich ungefähr in diesem Jahre fast 100 Millionen Bardevisen verloren gehen; Bardevisen, die deshalb so wertvoll wären, weil die Zahlungsbedingungen hierbei besonders günstige sein sollten, denn die Ware würde 100%ig bar in Devisen oder Dollar bezahlt worden sein an dem Tage, da sie den deutschen Hafen verläßt. Sie kennen, sehr verehrter Herr General, unsere Devisenlage und wissen selbst, was der Ausfall von 100 Millionen so leicht zu verdienender Devisen für Deutschland bedeutet. Damit gehen Deutschland die Möglichkeiten verloren, jene Rohstoffe zu beziehen, die für die Aufrüstung von so außerordentlicher Bedeutung wären. Andererseits wünscht Deutschland aber nicht, daß eine Nation, mit welcher uns eine so aufrichtige Freundschaft verbindet, durch deutsche Waffenlieferungen geschädigt wird. Wenn uns nun auf der einen Seite etwa 100 Millionen Bardevisen verloren gehen, dann muß ich allerdings alles tun, um diesen Ausfall wenigstens einigermaßen wettzumachen, und deshalb komme ich noch einmal auf die etwa 40 Millionen in Japan eingefrorener Devisen zu sprechen. Sie müssen verstehen, wie schwer es für mich ist, unserer devisenhungrigen Wirtschaft klarzumachen, daß wir auf die chinesischen Devisen zugunsten Japans verzichten müssen und andererseits von demselben Japan unsere Devisen nicht bezahlt bekommen. Das ist eine kaum zu überbrückende Divergenz. Hinzu kommt noch ein sehr schwieriges Moment. China hat bereits bei einigen chinesischen Firmen Bardeviseneinzahlungen gemacht in Höhe von etwa 30000 engl. Pfunden. Wenn für diese keine Lieferungen erfolgen, muß Deutschland selbstverständlich diese Pfunde zurückzahlen. Nun hat das Wirtschaftsministerium bereits über diese Devisen verfügt, und sie sind tatsächlich schon ausgegeben. Ich möchte Sie nun hier selbst um

Ihren Rat fragen, wie wir diese Dinge ordnen können; denn ich weiß nicht, wie ich bei unserem enormen Devisenmangel auch noch die Rückzahlung dieser Devisen schaffen und verantworten soll. Entweder müßte Deutschland noch möglichst unbedeutende Waffen in Höhe dieser Devisen an China abführen oder Japan müßte uns helfen, diese Devisen zurückzuzahlen. Im Falle, daß Japan die Zurückzahlung dieser Devisen übernehmen kann, würde ich Ihnen noch genaue Angaben und Unterlagen einreichen. Der Genauigkeit wegen möchte ich noch mitteilen, daß selbstverständlich augenblicklich noch Lieferungen an China, wenn auch in sehr geringem Maße, entweder bereits angekommen oder noch unterwegs sind, die ich nach Abgabe des Verbotes nicht mehr zurückrufen konnte.

Darüber hinaus möchte ich noch auf eine Sache aufmerksam machen und Ihre evtl. Unterstützung in Anspruch nehmen. Es kaufen in Deutschland sehr viele Länder Waffen. Wenn wir auch unsererseits alles tun, um den genauen Verbleib festzustellen und uns zu versichern, daß die Waffen nicht an Dritte weiterverkauft werden können, so haben wir es doch nicht vollständig in der Hand. So ist z. B. neulich eine Sendung, die wir für ein kleines Land abgehen ließen, laut Agentmeldung schließlich tatsächlich nach Rotspanien weitergegangen, d. h. deutsche Waffen wurden gegen unsere eigenen Freiwilligen dort eingesetzt, ohne daß wir das verhindern konnten. Dies hat selbstverständlich zum schärfsten Aufpassen angeregt, aber ein Umgehen ist natürlich zunächst immer noch im Bereich der Möglichkeiten. Ich erwähne dies nur, weil mir daran liegt, daß von nun ab in aller Korrektheit das Waffenausfuhrverbot für China durchgeführt wird.

Was Ihre neuliche Mitteilung anbelangt, so habe ich mittlerweile festgestellt, daß tatsächlich die Firma in Shanghai einen solchen großen Auftrag bekommen hat, daß jedoch dieser Auftrag sich nicht ausschließlich auf Deutschland bezog, sondern der Importfirma freistand, das notwendige Gerät auch aus anderen Ländern nach China einzuführen. Soweit die Firma sich an Deutschland wenden wird, wird sie dies vergebens tun. Bis jetzt liegen Unterlagen noch nicht vor, daß die Firma beabsichtigt, den Auftrag nach Deutschland zu legen. Aber immerhin ist es noch möglich, daß sie damit kommt. Ich würde Sie dann rechtzeitig orientieren, auch für den Fall, daß ich erfahre, wohin tatsächlich der Auftrag gegeben worden ist. Für eine baldige Antwort wäre ich Ihnen sehr dankbar.

Mit dem Ausdruck vorzüglicher Hochachtung

Ihr

Göring

Oshimas Antwort vom 18. Mai 1938 stellt fest, daß das Verhalten Görings unverständlich sei. Bereits im Vorjahre habe Göring wiederholt Zusicherungen für die Unterdrückung des Waffenhandels nach China gegeben, und nun werde eine „Waffenausfuhr nach China in gewaltigem Ausmaße erneut in Erwägung gezogen“. Das könne nicht Görings eigene Ansicht sein. Im übrigen dürften die Devisenfragen nicht mit der Frage der Waffenlieferungen verknüpft werden.

Dokument Nr. 36

Brief Oshimas an Göring[23]

Militärattaché
bei der *den 18. Mai 1938*
Kaiserlichen Japanischen Botschaft
in Berlin

Seiner Exzellenz
Herrn Generalfeldmarschall H. Göring
Berlin W 8

Euere Exzellenz!

Hierdurch habe ich die Ehre, den Empfang des gefälligen Schreibens vom 7. Mai d. J., welches Euere Exzellenz als Beauftragter der Durchführung des Vierjahresplans an mich gerichtet haben, mit dem Ausdruck verbindlichsten Dankes zu bestätigen. Ich war und bin stets dankbar für den von der Deutschen Regierung gefaßten Entschluß und die von ihr gegebene, vertrauensvoll anzuerkennende Zusicherung, seit dem Beginn der Affäre in China, in bezug auf die Unterdrückung von Waffenlieferungen aus Deutschland nach jenem Lande.

Nun lese ich in dem gefälligen Schreiben, obwohl dasselbe in der Hauptsache die Frage der deutschen Devisenschwierigkeiten behandelt, daß eine Waffenausfuhr nach China in gewaltigem Ausmaße in diesem Jahre in Erwägung gezogen würde. Diese Bemerkung war mir unverständlich, um so mehr als Euere Exzel-

23 Faksimile des Originals auf den Seiten 98 und 99. – Handschriftlicher Vermerk Görings: *„Diktat Z. d. A. dann mein letzter Brief Oshima bestellen. Gg."*

lenz im vorigen Jahre wiederholt Zusicherungen für die Unterdrückung des Waffenhandels nach China gegeben haben. Ich glaube indessen, daß jene Bemerkung nicht Ihre eigene Meinung wiedergibt; ich möchte vielmehr nach wie vor volles Vertrauen in Ihre Zusicherungen setzen, und hoffe zuversichtlich, daß die Deutsche Regierung das Verbot der Waffenausfuhr nach China auf das schärfste durchführen wird, was ich mit wiederholtem herzlichen Dank anerkennen werde.

Was die in dem gefälligen Schreiben erwähnten wirtschaftlichen Fragen betrifft, welche von der Frage der Waffenlieferungen unabhänig sind, so darf ich bemerken, daß sie außerhalb meines Arbeitsbereichs liegen. Soweit ich aber erfahren habe, sind zwischen der Botschaft einerseits und den zuständigen deutschen Behörden andererseits Verhandlungen zur Aufstellung eines umfassenden Plans mit bester Aussicht auf Erfolg im Gange. Dieser neue Plan wird, wie ich höre, nicht nur in Richtung der Devisenfrage, sondern überhaupt in jeder Richtung für die japanische, aber auch für die deutsche Wirtschaft sehr nutzbringend sein; außerdem wird er die Wirkung haben, die in dem gefälligen Schreiben erwähnten verschiedenen Hindernisse der Wirtschaft auf beiden Seiten radikal zu beseitigen.

Mit der Versicherung meiner ausgezeichneten Hochachtung verbleibe ich

Euerer Exzellenz ergebener
Generalleutnant Oshima

Der Briefwechsel beleuchtet nicht nur die gewissenlosen Methoden der nationalsozialistischen Kriegsvorbereitung. Er zeigt auch, wie die Faschisten sich

MILITÄRATTACHÉ
BEI DER
KAISERLICH JAPANISCHEN BOTSCHAFT
IN BERLIN

den 18.Mai 1938

Seiner Exzellenz

Herrn Generalfeldmarschall H. Göring

Berlin W 8

Euere Exzellenz !

Hierdurch habe ich die Ehre, den Empfang des gefälligen Schreibens vom 7.Mai d.J., welches Euere Exzellenz als Beauftragter der Durchführung des Vierjahresplans an mich gerichtet haben, mit dem Ausdruck verbindlichsten Dankes zu bestätigen. Ich war und bin stets dankbar für den von der Deutschen Regierung gefassten Entschluss und die von ihr gegebene, vertrauensvoll anzuerkennende Zusicherung, seit dem Beginn der Affäre in China, in Bezug auf die Unterdrückung von Waffenlieferungen aus Deutschland nach jenem Lande.

Nun lese ich in dem gefälligen Schreiben, obwohl dasselbe in der Hauptsache die Frage der deutschen Devisenschwierigkeiten behandelt, dass eine Waffenausfuhr nach China in gewaltigem Ausmasse in diesem Jahre in Erwägung gezogen würde. Diese Bemerkung war mir unverständlich, umsomehr als Euere Exzellenz im vorigen Jahre wiederholt Zusicherungen für die Unterdrückung des Waffenhandels nach China gegeben haben. Ich glaube indessen, dass jene Bemerkung nicht Ihre eigene Meinung wiedergibt; ich möchte vielmehr nach wie vor volles Vertrauen in Ihre Zusicherungen setzen, und hoffe zuversichtlich, dass die Deutsche Regierung das Verbot

Dokument Nr. 36. Brief Oshimas an Göring. Faksimile der Seite 1 des Originals. Textabdruck auf den Seiten 96 und 97

- 2 -

der Waffenausfuhr nach China auf das schärfste durchführen wird, was ich mit wiederholtem herzlichen Dank anerkennen werde.

Was die in dem gefälligen Schreiben erwähnten wirtschaftlichen Fragen betrifft, welche von der Frage der Waffenlieferungen unabhängig sind, so darf ich bemerken, dass sie ausserhalb meines Arbeitsbereichs liegen. Soweit ich aber erfahren habe, sind zwischen der Botschaft einerseits und den zuständigen deutschen Behörden andererseits Verhandlungen zur Aufstellung eines umfassenden Plans mit bester Aussicht auf Erfolg im Gange. Dieser neue Plan wird, wie ich höre, nicht nur in Richtung der Devisenfrage, sondern überhaupt in jeder Richtung für die japanische, aber auch für die deutsche Wirtschaft sehr nutzbringend sein; ausserdem wird er die Wirkung haben, die in dem gefälligen Schreiben erwähnten verschiedenen Hindernisse der Wirtschaft auf beiden Seiten radikal zu beseitigen.

Mit der Versicherung meiner ausgezeichneten Hochachtung verbleibe ich

Euerer Exzellenz ergebener

Oshima

Generalleutnant Oshima.

Dokument Nr. 36. Brief Oshimas an Göring.
Faksimile der Seite 2 des Originals. Textabdruck auf Seite 97

untereinander erpressen in dem Bestreben, nur ja ihren Krieg nicht zu gefährden.

Die Argumente Görings sind tatsächlich nur fingiert. Er kann im Ernst nicht daran denken, die antifaschistischen Fronten durch Waffenlieferungen zu stärken. Doch er versucht, den Japaner zu düpieren. Aber sie kennen ihre eigenen Methoden beide zu gut, um sich nicht zu durchschauen.

Unabhängig oder nicht: Schicksal Österreichs

Die Zeit, der die meisten hier vorgelegten Dokumente entstammen, sind die Monate, in denen die Einverleibung Österreichs vorbereitet und vollzogen wurde.

Das Spiel der Nationalsozialisten mit den Austro-Faschisten um Schuschnigg und seinen Außenminister Guido Schmidt wird durch eine ganze Reihe von Briefen geklärt. Hierbei spielt Franz von Papen, der „Außerordentliche und bevollmächtigte Botschafter des Deutschen Reiches in besonderer Mission“ seine gewichtige unheilvolle Rolle. Am 1. September 1937 berichtet er an den Reichsaußenminister von Neurath über eine Unterhaltung mit Schuschnigg und Schmidt. Bereits hier stellt er fest, daß die Linie des 11. Juli 1936 (des Tages, an dem auch das Freundschaftsabkommen mit Österreich abgeschlossen wurde) mit Schuschnigg nicht innegehalten werden könne, denn für Schuschnigg sei die

Erhaltung der vollkommenen Unabhängigkeit Österreichs ein Glaubenssatz. Er prophezeit für die nächste Zukunft die Unhaltbarkeit der Lage und deutet eine Lösung mit anderen, nämlich gewaltsamen Mitteln an. Freileich müßte man Mussolini dafür gewinnen.

Dokument Nr. 37

Brief Papens an Neurath

Wien, den 1. September 1937
Vertraulich.

Lieber Neurath!

Ich möchte Sie von einer mehrstündigen Unterhaltung über die deutsch-österreichische politische Lage in Kenntnis setzen, die ich gestern mit dem Bundeskanzler in Gegenwart des Staatssekretärs[24] hatte. Die Aussprache entsprang meiner Initiative, weil ich der Ansicht bin, daß wir bei Fortdauer der gegenwärtigen unbefriedigenden Lage nur allzu leicht wieder in eine Spannung hineinschlittern, die ungewollte Konsequenzen haben kann.

Ich habe dem Bundeskanzler klarzumachen versucht, daß die Politik der Aufrechterhaltung eines freundschaftlichen Verhältnisses zum Reiche von ihm stärker unterbaut werden müsse wie bisher. Gegenwärtig sei es ein dünner Firnis, der die Außenwelt über die

24 Dr. Guido Schmidt.

ständig zunehmende Radikalisierung der nationalen Opposition in Österreich täusche. Anstatt die Zusammentreffen von Wels und Breslau als ein Ventil für die nationalgesinnte Bevölkerung zu benutzen, habe er durch die Tatsache, daß er die österreichischen Teilnehmer der nationalen Würdelosigkeit geziehen habe, genau das Gegenteil erreicht. Die Methoden der vaterländischen Front, insbesondere des neuformierten Schutzkorps, verschärften dauernd die Spannung. Unter Bezugnahme auf die Andeutung, die sie Staatssekretär Schmidt bezüglich einer Verengung der wirtschaftlichen Zusammenarbeit (Zollunion) gemacht hatten, versuchte ich, dem Bundeskanzler klarzumachen, daß bei aller Aufrechterhaltung der österreichischen Abneigung gegen das Prinzip nationalsozialistischer Totalität er doch seinen guten Willen auf anderen Gebieten, wie dem der Wirtschaft und der militärischen Beziehungen, Ausdruck geben könne. Ich sei der Ansicht, daß, wenn auf diesen beiden Gebieten etwas Greifbares geschehe, er damit nicht nur sein Versprechen gesamtdeutscher Einstellung dokumentieren, sondern auch die Spannungen im eigenen österreichischen Lager ganz erheblich mildern werde. Der Bundeskanzler begann die sehr eingehende Erwiderung auf meine Argumente mit der Feststellung, daß die Erhaltung der vollkommenen österreichischen Unabhängigkeit für ihn ein Glaubenssatz sei, obwohl er dieses Prinzip nicht als das Ende der geschichtlichen Entwicklung betrachte. Gegenwärtig sei er aus Hunderten von Nachrichten überzeugt, daß – wenn nicht die Reichsführung – so doch sehr starke und einflußreiche Teile der Partei ein Aufgehen Österreichs im Deutschen Reiche als die nächstliegende politische Aufgabe betrachten. Die

Kenntnis dieser Tatsache verbiete ihm, auf manchen Gebieten so vorzugehen, wie er es unter anderen Umständen vielleicht tun würde.

Es folgten dann sehr lange Darlegungen über die bekannte Klage, daß das Reich niemals aufgehört habe, seinen Einfluß auf die österreichischen Nazis in jeder Form auszuüben. Im übrigen habe und werde Österreich niemals außenpolitisch etwas unternehmen, was dem Reiche schaden könne, auch sei es unzutreffend, wenn ich behauptet hätte, daß die österreichische Armee mit der Front gegen Deutschland aufgerüstet werde. Das Hauptthema seiner Einwendungen war die, wie er sagte, zunehmende Verschärfung der kulturellen Lage im Reiche. Alles in allem waren seine Erwiderungen völlig negativ, so daß an eine Änderung seiner politischen Linie nicht zu denken ist. Es entsteht nun die Frage, ob, wenn wir zu der Überzeugung gelangt sind, daß die Linie des 11. Juli mit Schuschnigg nicht aufgebaut werden kann, wir nicht unter Zusammenwirken der äußeren und inneren Faktoren die Herbeiführung eines Kanzlerwechsels ins Auge fassen sollen. Es steht fest, daß der Bundespräsident die Politik Schuschniggs seit langem mit starker Kritik verfolgt. Bei ihm wäre ein Ansatzpunkt zu gewinnen. Es steht weiter fest, daß Leute aus dem klerikalen Heimwehrlager, wie Gleisner und Schmitz, auf den Sturz des Kanzlers hinarbeiten. Möglicherweise würde die Nachfolge zuerst in die Hand eines dieser Leute gelegt werden. Das würde eine Verschärfung des Kurses der Vaterländischen Front auf allen Punkten bedeuten und damit die Entwicklung mit der Aussicht auf einen Wechsel erneut in Fluß bringen. Es könnte aber auch sein, daß wir den Bundespräsidenten dafür gewinnen, einen we-

niger belasteten, objektiveren und auf die Heranziehung der Arbeitermassen gerichteten Mann an die Spitze der Regierung zu bringen, einen Mann vor allen Dingen, der es unternehmen würde, die etappenweise Annäherung der beiden Staaten auf dem Wege bindender Vertragsabschlüsse energisch vorwärts zu treiben. In dieser Hinsicht wird als eine brauchbare Persönlichkeit von vielen Kreisen (auch der österreichischen NSDAP) der frühere Bundeskanzler Ender in Vorschlag gebracht. Er war der Kanzler der Zollunion, und ich glaube, daß er sich jedenfalls in die „österreichische Ideologie" nicht so fanatisch verbissen hat wie der jetzige Kanzler.

Ich werfe die Frage dieses Kabinettwechsels auf, weil ich überzeugt bin, daß bei Fortführung der Schuschniggschen Methoden wir s e h r b a l d in eine unhaltbare Lage hineingeraten. Man könnte vielleicht den Standpunkt einnehmen, daß eine Zuspitzung der Spannungen uns die Gelegenheit bieten würde, die Lösung der österreichischen Frage mit anderen Mitteln zu versuchen. Aber ganz abgesehen davon, daß es mir historisch betrachtet immer als ein Fehler erscheinen würde, eine gewaltsame Lösung anstatt eine von der österreichischen i n n e r e n Entwicklung angebotene Lösung anzustreben, möchte ich glauben, daß es für die europäische Gesamtlage sicherlich vorzuziehen ist, den von mir gedachten Weg zu gehen. Man wird aber, um nicht Überraschungen ausgesetzt zu sein, sich dann j e t z t über den Kurs für die nächste Zukunft klar werden müssen – um so mehr, als, wie ich annehme, die Unterhaltungen mit dem Duce doch auch die deutsch-österreichische Frage behandeln werden. Was diese letztere anbetrifft, so müßte m. E. der aus der

Politik der „Achse" für uns sich ergebende Vorteil doch irgendwie realisiert werden. Man könnte den Duce doch wahrscheinlich für die weitere Behandlung der österreichischen Frage auf gewisse Grundlinien festlegen. Darüber würde ich mich mit Ihnen gern in Nürnberg unterhalten. An welchem Tage werden Sie dort sein?

Zur Ergänzung der Situation füge ich noch hinzu, daß der Staatssekretär, mit dem ich den Fragenkomplex schon vorher eingehend besprochen hatte und von dem ich eigentlich eine Unterstützung beim Kanzler erwarte, zu dessen negativen Ausführungen in keiner Weise eine irgendwie differierende Stellung eingenommen hat.

Für heute besten Gruß und Heil Hitler!

Ihr
von Papen

Am 16. November 1937 informiert Papen Göring über das Ergebnis einer weiteren Besprechung mit Guido Schmidt und empfiehlt einen Besuch Görings zum Abschluß eines Wirtschaftsvertrages und zur Teilnahme an einer militärischen Revue. Guido Schmidt scheint inzwischen für die deutschen Umtriebe gewonnen zu sein, denn er wird von Papen als „Fahnenträger der Verständigung mit dem Reiche" bezeichnet.

Dem entspricht das überschwengliche Lob, das Schmidt in seinem Schreiben an Göring vom 25. Januar 1938 der Biographie widmet, die Gritzbach über Göring geschrieben hat. Er gebärdet sich in diesem Briefe als Optimist bei der Betrachtung des Verhältnisses der beiden Staaten.

Dokument Nr. 38
Brief Papens an Göring

Der Außerordentliche und Bevollmächtige Botschafter des Deutschen Reiches in besonderer Mission — *Wien, den 16. Nov. 1937*

Lieber Göring!

Im Anschluß an meinen heute früh geschriebenen Brief über Ihren geplanten Besuch möchte ich Ihnen über eine soeben gehabte eingehende Unterhaltung mit Staatssekretär Schmidt berichten:

Der Staatssekretär legt den allergrößten Wert darauf, daß Ihr Besuch zustande kommt – und zwar aus sachlichen wie persönlichen Gründen. Er ist überzeugt, daß der Besuch mit einem materiellen Ergebnis auf der wirtschaftlichen Ebene, so wie ich es in meinem Briefe von heute früh skizziert habe, abschließen kann. Die dazu nötigen Besprechungen wird er in diesen Tagen mit Herrn Kienböck führen. Auch bezüglich der militärischen Seite glaubt er, daß gerade die Vorführung eines Teiles der österreichischen Wehrmacht vor dem Oberbefehlshaber der deutschen Luftstreitkräfte einen wesentlichen Fortschritt in den Beziehungen zwischen unsern beiden Armeen bedeuten werde.

Wenn der Besuch nach jetzt erfolgter Ankündigung nicht zustande käme, glaube der Staatssekretär daraus eine außerordentliche Zurückwerfung seines persönlichen Einflusses befürchten zu müssen. Er gilt hier als Fahnenträger der Verständigung mit dem Reiche und alle Elemente, die diesen Kurs nicht wünschen, wür-

den sich naturgemäß nur freuen, wenn der Versuch einer Verbesserung der persönlichen Beziehungen der leitenden Männer unterbliebe und die von Herrn Schmidt unternommenen Bemühungen ins Wasser fielen.

Ich stimme diesem Gedankengange durchaus zu und möchte auch von mir aus – sofern der materielle sachliche Erfolg des Besuches gesichert erscheint – aufs wärmste das Zustandekommen des Besuches unterstützen. Besonders wertvoll scheint mir dabei, daß die militärische Übung Sie in die Lage setzt, sich auch mit dem Herrn Bundeskanzler über die vitalen Fragen des deutsch-österreichischen Verhältnisses zu unterhalten.

Der Staatssekretär sagt mir, daß der Kanzler mit dem Programm einverstanden sei, und daß es lediglich nur noch der Datumsfestsetzung Ihrerseits bedarf. Er bittet in dieser Hinsicht um alsbaldige Mitteilung Ihrer Dispositionen.

Ich darf noch hinzufügen, daß die Vorführung einer militärischen Gebirgsübung Ihrem Besuche auch nach außen hin einen durchaus würdigen Rahmen geben wird.

In Eile mit besten Grüßen

Ihr
Franz v. Papen

An den
Herrn Preußischen Ministerpräsidenten
Generaloberst Göring, Berlin.

Dokument Nr. 39

Brief Guido Schmidts an Göring[25]

Der Staatssekretär
für die Auswärtigen Angelegenheiten

Wien, am 25. Jänner 1938

Hochverehrter Herr Ministerpräsident!

Sie waren so liebenswürdig, mir durch Herrn Botschafter von Papen das schöne Buch über das „Werk und den Menschen Hermann Göring" mit Ihrem Gruß zu senden.

Für diese Ihre Aufmerksamkeit möchte ich nicht nur herzlich danken, sondern auch zum Ausdruck bringen, daß ich das Buch in den ersten freien Stunden, die ich mir verschaffen konnte, in Erinnerung an die freundliche Aufnahme, die ich bei Ihnen stets gefunden habe, mit Spannung in einem Zuge zu Ende gelesen habe. Ich lese die letzten Zeilen, die Verse Walther's von der Vogelweide, und beeile mich, Sie zu der so voll gelungenen Darstellung Ihrer „Taten und Tage" zu beglückwünschen. Ohne mich zu einem berufenen Beurteiler erklären zu wollen, möchte ich Ihnen, hochverehrter Herr Generaloberst, meinen persönlichen Eindruck mitteilen und der ist, daß Erich Gritzbach mit dem Buch kein historisch oder landläufig biographisches Werk geschaffen hat, sondern etwas erstaunlich anderes und viel mehr. Sie selbst, Herr Generaloberst, sind es, der herz- und leibhaft dem Sinn, den Anschauun-

25 Notizen Görings am Kopf des Briefes: *„Z. d. A. Diktat Gg."*

gen, dem Temperament und dem Worte nach unmittelbar im Buche vor uns steht. Es ist ein eigenartiges, für mich einzigartiges Werk: Hermann Göring im Spiegel eines zweiten Ich, des guten Kameraden, der nicht mehr er selbst, sondern ein Stück von Ihnen geworden scheint. Ich glaube ganz, daß dies das Bild ist, wie es das deutsche Volk von Ihnen erwartet hat. Nochmals meinen Dank und meinen Glückwunsch!

Als Politiker habe ich gepackt und in Bewunderung auch das Kapitel über den Kämpfer und Staatsmann gelesen, als Mensch habe ich mit besonderem Anteil dort verweilt, wo eigener Eindruck und eigenes Erinnern mitsprechen kann: Bei Ihrem Verhältnis zur Natur, zum Wald und Wild, in der Schorfheide, bei Ihrer wundervollen Gastfreundschaft. Zu diesem Kapitel wüßte ich Wesentliches beizutragen, vergesse ich doch niemals die bezaubernde Aufmerksamkeit des ersten Frühstücks in Ihrem Hause und Ihrer aus so warmem Empfinden strömenden Begrüßungsworte, worin Sie Ihre besondere Anteilnahme an der Fortentwicklung des guten Verhältnisses zwischen den beiden deutschen Staaten manifestierten.

Über das Buch freue ich mich namentlich um seiner Lebensbejahung und seines Optimismus willen; „Optimist zu sein, war schon immer ein Vorrecht der Flieger" lautet einer Ihrer Aussprüche. So wollen wir auch als Optimisten das Verhältnis unserer beiden Staaten gleicher Nation betrachten. Ihrer Versicherung vertrauend, baue ich bei diesem Bemühen auf Sie, Herr Ministerpräsident, auf Ihren Rat und Ihr Wort.

Ich hoffe darum fest, daß die in Aussicht genommene Begegnung in Österreich bald erfolgen kann und werde alles dazu beitragen, was in meiner Macht steht.

Eine Neuauflage des Buches, mit dem Sie mir so große Freude gemacht haben, wird – davon bin ich überzeugt – auch ein freundliches Wörtlein über Ihre Österreichreise bringen können.

Empfangen Sie, Herr Generaloberst, die Versicherung meiner besonderen Wertschätzung und Verehrung, mit der ich verharre als

Ihr ergebener
Guido Schmidt

Görings Brief vom 8. März 1938, also nach der Berchtesgadener Zusammenkunft zwischen Schuschnigg und Hitler und kurz vor dem Einmarsch in Österreich geschrieben, ist gewissermaßen der letzte Appell an Schmidt, Österreich zu verraten. Hier stehen schon die deutlichen Worte: „Unabhängig oder nicht, das Schicksal Österreichs ist unlöslich mit dem Schicksal des Deutschen Reiches verbunden."

Dokument Nr. 40
Brief Görings an Guido Schmidt

Ministerpräsident
Generalfeldmarschall Göring

Berlin, den 8. März 1938

Sehr verehrter Herr Bundesminister!

Spät kommen meine Glückwünsche, aber nicht minder herzlich. Ich habe mich sehr über Ihre Ernennung zum Bundesminister gefreut und besonders dar-

über, daß Sie nunmehr mit großer Selbstverständlichkeit und erhöhter eigener Verantwortung die auswärtige Politik Deutsch-Österreichs zu führen haben. Entschuldigen Sie, wenn ich erst heute mit meinen Glückwünschen komme, doch wollte ich immer einen ruhigen Augenblick hierzu abwarten. Ich hoffe bestimmt, daß es Ihnen möglich sein wird, wie verabredet, Ihre Politik im engsten Einvernehmen mit dem Deutschen Reich als Gesamtpolitik des Deutschtums zu führen. Ich habe große Hoffnungen an die Obersalzberger Begegnung geknüpft und bin zur Zeit etwas deprimiert über die Nachrichten aus Wien. Man scheint doch immer noch von Deutschland freindlichen Mächten Hilfe und Unterstützung gegen das Deutsche Reich zu erwarten. Ich bitte Sie inständigst, handeln Sie als deutscher Minister, denken Sie stets daran, daß einstmals die Weltgeschichte nicht über ein mehr oder weniger unabhängiges Österreich urteilen wird, sondern ausschließlich darüber, wie die Männer zu bewerten sind, die über das Schicksal des gesamten Deutschtums und der deutschen Rasse zu entscheiden hatten. Bitte, lieber Freund, seien Sie stets darüber im klaren, ob unabhängig oder nicht, das Schicksal Österreichs ist unlöslich mit dem Schicksal des Deutschen Reiches verbunden. Wenn Sie heute Deutschland als Großmacht sich wegdenken, was glauben Sie, wird dann aus Österreich werden bzw. was glauben Sie, werden dann die 6 Millionen Deutschen in Österreich noch zu bedeuten haben.

Ich würde mich sehr freuen, wenn ich wieder einmal die Gelegenheit haben würde, mit Ihnen als Freund über die Zukunft des Deutschtums zu sprechen, und es darf sich doch nur um die Zukunft des gesam-

ten Deutschtums handeln und um nichts anderes. Ich habe jedenfalls das Vertrauen, daß Sie als deutscher Mann handeln werden. Dann endlich wird die deutsche Einigung kommen, dann endlich wird die Geschichte nicht mehr davon berichten brauchen, daß ewiger deutscher Bruderzwist das Deutschtum verhindert hat, die erste Macht der Welt zu werden. Wenn heute das Deutschtum diese Macht noch nicht besitzt, dann einzig und allein darum, weil immer Deutsche gegen Deutsche gestanden haben, und darauf hofft die Welt auch heute. Lassen Sie uns gemeinsam dieser Welt die verdiente Enttäuschung bereiten.

Mit deutschem Gruß
Ihr
Göring

An
Herrn Bundesminister Schmidt
in Wien

Der Brief bezeugt, daß der Entschluß Hitlers, die österreichische Frage mit Gewalt zu lösen, nicht erst am 9. März 1938 (an dem Tage, an dem Schuschnigg die Volksabstimmung über die Unabhängigkeit Österreichs festsetzte) gefaßt wurde, sondern von vornherein mit einberechnet war.

Am Tage vor der Überschreitung der österreichischen Grenze durch die deutschen Truppen, am 11. März, richtete Hitler an Mussolini das zum großen Teil bereits bekannt gewordene Schreiben, in dem er seine Gründe für die Vergewaltigung Österreichs in seiner unerträglichen Art auseinandersetzt. Der Entwurf dieses Briefes fand sich auch unter unseren Dokumenten, und zwar in einer Fassung, die

Teile enthält, die in der endgültigen Formulierung ausgelassen sind. In dem Brief, der tatsächlich abgesandt wurde, sind sämtliche Absätze des Entwurfes gestrichen, die Ausfälle gegen die Tschechoslowakei enthalten und unzweideutig enthüllten, daß das nächste Opfer Hitlers der tschechoslowakische Staat sein wird. In diesem Brief ist an Verdrehung und Verlogenheit wirklich das Menschenmögliche geleistet worden.

Dokument Nr. 41

Entwurf des Briefes Hitlers an Mussolini[26]

11. März 1938

Euer Exzellenz!

In einer schicksalschweren Stunde wende ich mich an Sie, Exzellenz, um Ihnen Kenntnis zu geben von einem Entschluß, der durch die Umstände geboten erscheint und nunmehr ein unabänderlicher ist.

[Ich habe in den letzten Monaten mit steigernder Besorgnis gesehen, wie sich zwischen Österreich und der Tschechoslowakei allmählich ein Verhältnis herauszubilden begann, das schon im Frieden für uns schwer erträglich, das aber in jedem Deutschland aufgezwungenen Kriege zu einer Quelle ernstester Bedrohung für die Sicherheit des Reiches werden mußte.

Im Zuge dieser Vereinbarungen begann der österrei-

26 Faksimile der Seite 8 des Originals Seite 118. Die eingeklammerten Stellen [...] sind im Entwurf durchgestrichen.

chische Staat, sich allmählich an allen Grenzen mit Sperren und Befestigungen zu versehen. Der Zweck konnte kein anderer sein als der:

1. *in einem gegebenen Augenblick die Restauration zu verwirklichen und*
2. *das Gewicht einer Masse von immerhin 20 Millionen Menschen, wenn notwendig, auch gegen Deutschland zum Einsatz zu bringen.*

Gerade die enge Verbindung Deutschlands mit Italien hat unser Reich im übrigen, wie nicht anders zu erwarten, unausbleiblichen Angriffen ausgesetzt. Ich fühle mich verantwortlich dafür, nicht eine mitteleuropäische Lage entstehen zu lassen, die vielleicht gerade aus Gründen unserer Freundschaft mit Italien eines Tages zu einer schweren Belastung führen könnte. Diese Neuorientierung der österreichischen Staatsführung entspricht aber in keiner Weise dem wahren Wunsch und Willen des österreichischen Volkes.]

Seit Jahren werden die deutschen Österreicher von einem Regime, das keinerlei gesetzliche Grundlage besitzt, vergewaltigt und mißhandelt. Das Leid unzähliger gequälter Menschen ist ein grenzenloses.

Allein Deutschland besitzt zur Zeit über 40 000 Flüchtlinge, die ihre Heimat verlassen mußten, obwohl die überwältigende Mehrheit der Bewohner Österreichs vollkommen auf ihrem weltanschaulichen und politischen Boden steht.

Ich habe mich, um die allmählich unerträglich werdende Spannung zu beseitigen, entschlossen, in einem letzten Versuch mit Herrn Schuschnigg eine Abmachung zu treffen im Sinne der endlichen Herstellung der vollkommenen Gleichheit vor dem Gesetz.

Ich habe Herrn Schuschnigg auf das Ernsteste dar-

auf aufmerksam gemacht anläßlich unserer Unterredung in Berchtesgaden, daß Deutschland nicht gewillt sei, sich

[1. an seiner Grenze eine feindliche militärische Macht entwickeln zu lassen, um so mehr, als diese Absichten im großen Widerspruch stehen zum wahren Willen des österreichischen Volkes.]

[2.] Ich habe Herrn Schuschnigg aufmerksam gemacht darauf, daß Deutschland auch nicht mehr auf die Dauer zusehen kann, wie in Österreich von einer verschwindenden Minderheit die nationale Mehrheit mißhandelt wird. Ich bin selbst ein Sohn dieses Landes. Österreich ist meine Heimat, und ich weiß es aus den Kreisen meiner eigenen Verwandten, welche Drangsal und welches Leid der nationaldenkende überwältigende Teil dieses Volkes zu erdulden hat!

Ich habe ihn darauf aufmerksam gemacht, daß es für eine Großmacht unmöglich ist, ich darf wohl sagen, als einzigen Staat in der ganzen Welt, zu dulden, daß Angehörige des gleichen Blutes, der gleichen Herkunft und einer ewigen gemeinsamen geschichtlichen Vergangenheit einfach dessentwegen verfolgt, mißhandelt und entrechtet werden. Ich habe weiterhin Herrn Schuschnigg davon unterrichtet, daß wir, falls nicht für alle Deutschen in Österreich die gleichen Rechte vor dem Gesetze hergestellt werden, eines Tages gezwungen sein würden, den Schutz dieser von allen verlassenen Volksgenossen zu übernehmen.

Die Forderungen, die ich stellte, waren mehr als maßvolle. Denn nach allen Grundsätzen der Vernunft, des Rechtes, der Billigkeit, ja, sogar nach den Grund-

sätzen einer demokratischen Formalistik hätte Herr Schuschnigg mit seinem Kabinett zurücktreten müssen, um einer Regierung Platz zu machen, die wirklich vom Vertrauen eines Volkes getragen ist. Ich habe dies nicht verlangt. Ich begnügte mich mit einer Reihe von Zusicherungen, daß in Zukunft auf dem Boden der nun einmal, wenn auch zu Unrecht zustande gekommenen, aber augenblicklich bestehenden österreichischen Gesetze, alle Einwohner dieses Landes gleich behandelt, gleich bevorzugt oder gleich benachteiligt sein sollen, und daß endlich in militärischer Hinsicht eine gewisse Sicherheit eingebaut wird, [daß nicht eines Tages der österreichische Staat eine Zweigniederlassung der Tschechoslowakei wird].

Herr Schuschnigg hat mir nun in dieser Richtung feierliche Zusicherung gegeben und eine dementsprechende Abmachung getroffen.

Er hat vom ersten Augenblick an diese Abmachung nicht gehalten.

Er hat aber nunmehr zu einem neuen Schlag gegen den Sinn dieser Abmachungen ausgeholt, indem er eine sogenannte Volksbefragung ansetzt, die einen wahren Hohn auf jedes Plebiszit darstellt.

Die Folgen dieser beabsichtigten neuerlichen Vergewaltigung einer Volksmehrheit sind die befürchteten.

Das österreichische Volk bäumt sich gegen die fortgesetzten Unterdrückungen nun endlich auf, und daraus ergibt sich zwangsläufig die Notwendigkeit für weitere Gewalttaten. Die Vertreter dieses unterdrückten Volkes in der Bundesregierung sowohl als in den anderen Korporationen sind daraufhin zurückgetreten.

Seit vorgestern nähert sich dieses Land wieder steigend der Anarchie.

Als verantwortlicher Führer und Kanzler des Deutschen Reiches, aber auch als Sohn dieses Landes kann ich dieser Entwicklung gegenüber nicht länger untätig zusehen.

Ich bin entschlossen, in meiner Heimat nunmehr Ruhe und Ordnung herzustellen und dem Volkswillen die Möglichkeit zu geben, sich eindeutig, offen und klar sein Schicksal nach eigenem Ermessen zu bestimmen.

Möge das österreichische Volk sich dann selbst seine Zukunft gestalten! Wie immer dieses Votum dann aber ausfallen wird, eines möchte ich an dieser Stelle Ihnen, Exzellenz, als dem Führer des faschistischen Italien, feierlich versichern:

1. *Fassen Sie diesen Akt als nichts anderes auf denn als einen Akt der nationalen Notwehr, und damit als eine Handlung, die jeder Mann von Charakter an meiner Stelle genau so unternehmen würde. Auch Sie, Exzellenz, könnten nicht anders handeln, wenn hier das Schicksal von Italienern auf dem Spiel stünde. Und ich als Führer des deutschen Volkes und als Nationalsozialist kann es auch nicht.*
2. *Ich habe in einer für Italien kritischen Zeit Ihnen die Sicherheit meiner inneren Einstellung bewiesen. Zweifeln Sie nicht daran, daß sich auch in Zukunft hieran nichts ändern wird.*
3. *Was immer auch die Folge der nun kommenden Ereignisse sein möge: Ich habe gegen Frankreich eine klare deutsche Grenze gezogen, und ich ziehe sie genau so gegenüber Italien. Es ist der Brenner.*

   An dieser Entscheidung wird niemals gedeutelt oder gerüttelt werden. Ich habe diesen Entschluß nicht im Jahre 1938 gefaßt, sondern sofort nach Aus-

- 8 -

Möge das österreichische Volk sich denn selbst seine Zukunft gestalten ! Wie immer dieses Votum dann aber ausfallen wird, - eines möchte ich an dieser Stelle Ihnen, Exzellenz, als dem Führer der faschistischen Italiens feierlich versichern :

1. Fassen Sie diesen Akt als nichts anderes auf denn als einen Akt der nationalen Notwehr und damit als eine Handlung, die jeder Mann von Charakter an meiner Stelle genau so unternehmen würde. Auch Sie, Exzellenz, könnten nicht anders handeln, wenn hier das Schicksal von Italienern auf dem Spiele stünde. Und ich als Führer des deutschen Volkes und als National - sozialist kann es auch nicht.

2. Ich habe in einer für Italien kritischen Zeit Ihnen die Sicherheit meiner inneren Einstellung bewiesen. Zweifeln Sie nicht daran, dass sich auch in Zukunft hieran nichts ändern wird.

Dokument Nr. 41. Entwurf des Briefes Hitlers an Mussolini. Faksimile der Seite 8 des Originals. Textabdruck auf Seite 117 *gang des großen Krieges. Und ich habe nie daraus ein Hehl gemacht.*

Verzeihen Sie mir bitte, Exzellenz, erstens die Eile dieses Briefes und die Form dieser Benachrichtigung. Die Ereignisse kamen für uns alle unerwartet. Niemand hatte eine Ahnung von dem neuesten Schritt des Herrn Schuschnigg, nicht einmal seine eigenen Ministerkollegen, und ich hatte bis heute noch immer gehofft, daß es vielleicht doch in letzter Minute gelingen würde, eine andere Lösung zu finden.

Ich bedauere es tief, Sie in diesen Minuten nicht persönlich sprechen zu können, um Ihnen alles das zu sagen, was mich bewegt.

In immer gleicher Freundschaft
Ihr

Am 12. März marschierten die deutschen Truppen in Österreich ein. Es ist eine historische Tatsache, daß die Straßen von jubelnden Menschen umlagert waren und daß die Begeisterung in Linz und Wien bei den Ansprachen Hitlers fanatische Formen annahm. Eine Widerspiegelung dieses Jubels weiter österreichischer Volkskreise bietet der Brief, den Görings Schwester am 15. März 1938 an Ihren Bruder geschrieben hat. Daß das nicht nur die vereinzelte Stimmung einer nahen Verwandten gewesen ist, wird jeder bestätigen müssen, der damals die Ereignisse aus unmittelbarer Nähe miterlebte.

Dokument Nr. 42

Brief der Schwester Görings an ihren Bruder

Wels am 15. März 1938

Auf der sonnigen Terrasse!

Mein über alles geliebter Bruder!

Schon 3 Tage gehe ich jetzt wie im Traum einher und kann dieses ungeheuere gigantische wunderbare Geschehen nicht fassen! Zutiefst ergriffen bin ich, zu keinem Tun fähig, sitze nur stundenlang am Radio u. immer wieder rollen mir die Tränen herunter u. wollen nicht versiegen! Am liebsten hätte ich Dir noch am Freitag auf Samstag Nacht geschrieben, war aber nicht fähig die Feder zu halten! Im heißen Dankesgefühl rief ich dann Samstag Abends an, wurde aber ständig wegen Blitzgesprächen zurückgestellt, dann kam Sonntag um 11 Uhr Nachts Euer lb. Anruf, über den ich so glücklich war u. Emmy 1000× danken lasse, nur war ich andrerseits traurig, daß ich Deine geliebte Stimme nicht hören konnte u. Dir nicht alles sagen konnte, was mein übervolles Herz bewegte! Nun muß ich Dir halt schriftlich in Gedanken um den Hals fallen u. heißen innigen Dank sagen dem herrlichen Führer u. Dir mein geliebtester Bruder für die wunderbare Errettung in letzter Stunde. Liebster Hm! Wir alle können es immer noch nicht begreifen, daß wir nun endlich zu Euch gehören, keine Grenze uns mehr trennt etc. etc. In fantastischer Schnelle geht alles voran, man kann kaum all diesem Herrlichen folgen. Wie schade, daß

Du des Führers Siegeszug nicht mitmachen kannst, weil Du ihn eben jetzt vertreten mußt; aber dann wenn Du kommst, geht ein erneuter Festesjubel los! Ich muß Dich auch noch beglückwünschen zu Deiner wundervollen, ergreifenden Rede am Sonntag bei der Heldengedenkfeier. Da hab ich auch viel geweint. Darf ich Dir noch eines sagen, daß ich noch n i e den Verlust von Fried so schmerzlich spürte wie gerade jetzt. Immer u. immer muß ich denken, ach hätte er dies Herrliche doch noch alles erlebt, warum mußte er noch fort, ehe sein Vaterland, sein geliebtes nun frei geworden ist, für das er sich so mit allen Fasern seines Herzens einsetzte! Bei aller Freude jetzt ist mir dies immer wieder ein sehr bitteres Leid; um wieviel weher und schmerzlicher muß es nun für Olga und ihre geliebten Buben sein! Wenn ich nur nicht immer daran denken müßte! – Roswitha ist hellbegeistert und ist sich dieses ganzen großen Erlebnisses voll bewußt. Sie sagte: „Mutti, dies ist mein glücklichster Tag u. voller Ergriffenheit rinnen ihr die Tränlein hinunter. Laß Dich zusammen mit Emmy innig umarmen von Deiner tr. Schwester

Pauli mit Roswitha

Auftakt in Danzig

Die politische Bedeutung des Dokumentenfundes wird schließlich noch durch ein Originalprotokoll unterstrichen, das über die Mitgliederversammlung der NSDAP in Danzig am 20. Oktober 1936 berichtet. Aus ihm geht hervor, daß bereits in so früher Zeit die nationalsozialistische Außenpolitik ihre

Ziele vor einer ziemlich breiten Öffentlichkeit unverhohlen zu verkünden wagte. Die Welt hat den Fehler begangen, die naive Unverfrorenheit und die brutale Offenheit, mit der diese Ziele enthüllt wurden, nicht ernst zu nehmen, wie am Anfang seiner Herrschaft der Nationalsozialismus leider nicht nur in Deutschland, sondern in manchem anderen Staat auch gewaltig unterschätzt wurde. Heute empfinden wir die ganze Furchtbarkeit der Drohungen, die damals der Kreisleiter Kaminski und der Gauleiter Forster den chauvinistischen Zuhörern zugeschrieen haben: Der Hauptfaktor Polen muß endgültig erledigt werden… Jetzt kommt der Schlußakkord … Mit Gewalt alles niederdrücken … Es wird noch allerhand in der Welt vor sich gehen … Wenn ein Krieg kommt, dann ist alles da … Keinen Laut, alles in Ruhe … Dann wird unser Führer mit großem Jubel in Danzig einziehen …

Dokument Nr. 43
Protokoll der Mitgliederversammlung der NSDAP in Danzig am 20. Oktober 1936

Große Mitgliederversammlung der Ortsgruppe Innenstadt der NSDAP am 20. 10. 1936 im Saale des Schützenhauses um 8 Uhr

Auszug aus der Rede des Kreisleiters Kaminski

Nun beginnt der größte Kampf. Nicht voreilig handeln ist die Parole, nur das tun, was die Führer befehlen. Jeder unüberlegte Schritt führt zum Abgrund. Das werden Sie doch alle klar sehen, daß nicht nur die Parteien ausgetilgt, sondern daß nun auch der Hauptfaktor Polen endgültig erledigt werden müssen. Wir müssen ganze Arbeit schaffen, nur so kommen wir zum Ziel, um endlich als deutsches Mutterland in das Deutsche Reich zu kommen, unser so heiß ersehntes Ziel.

Im Anschluß teilte der Ortsgruppenleiter den Anwesenden mit, daß zu seiner größten Freude der Gauleiter Parteigenosse Forster im Saale anwesend wäre, um ein paar Worte zu dieser außerordentlich großen Ortsgruppe noch zu sprechen. Unter großem Jubel trat Forster auf die Bühne.

Auszug aus der Rede des Gauleiters Forster

Er begann: Es sind heute sechs Jahre her, daß ich nach Danzig kam, von unserem Führer gesandt, um hier die Organisation und Gründung des Gau NSDAP zu übernehmen. Die Arbeit war schwer, doch wer mit so viel Liebe, Überzeugung und junger Kraft an dieses erhabene Werk geht, dem muß es gelingen, und so war es mir gelungen. Wenn ich heute nach sechs Jahren zurückblicke, dann sage ich mir, es ist mir gelungen, aber die ganze Arbeit ist noch nicht getan. Jetzt kommt der Schlußakkord, und der ist das Schwerste, aber auch er wird und muß gelingen. Ich kam damals hier auf dem Bahnhof an, unwissend, ich kannte und wußte von Danzig nichts, und das war gut so, am Bahnhof standen zwei junge Männer, es war unser Senatspräsident, damals noch so ein Anfänger wie ich, nur daß er Danzig kannte. Ich war im Grunde froh, daß ich mir nun meine Meinung ohne Voreingenommenheit selbst bilden und meine Aufgabe mir in diesem Sinne ausarbeiten konnte. Vieles habe ich hier erlebt, vieles mußte bezwungen werden, bis wir endlich zur Macht gelangten. Da hieß es mit Gewalt alles niederzudrücken, was sich uns feindlich entgegenstellte. Selbst in der eigenen Partei gab es eine Säuberung vorzunehmen, da war der Verräter Rauschning, der uns feindlich entgegenarbeitete als Senatspräsident, er mußte gestürzt werden, dann kamen die Volkstage mit den unsinnigen Parteien, auch das haben wir überwunden, dann die Völkerbundsitzung. Das eine kann ich heut sagen, daß der Völkerbund hier in Danzig untergehen wird. Er muß untergehen. Was sitzt überhaupt im Völkerbund: ein anständiger Staat gehört nicht zu ihm. Nur jüdisches, feiges, freches Gesindel sind Mitglieder. Italien, England, Japan, Portugal, wollen von und mit dieser Banditengesellschaft nichts zu tun haben. Sie möchten jetzt aus Danzig ein zweites Spanien machen, aber wir haben ihnen gezeigt, daß die größte Ruhe und Sicherheit Deutschland heißt. Es wird noch allerhand in der Welt vor sich gehen, ich sage Ihnen mit Bestimmtheit, daß Frankreich in kurzer Zeit dasselbe wird durchmachen, wie Spanien, und dann folgt England. Und in all diesen Unruhen steht Deutschland als das ruhigste Land in Europa. Wir sind nun auf uns selbst angewiesen. Deutschland fordert Kolonien und darum haben wir vorgesorgt, wenn ein Krieg kommt, dann ist alles da. Lebensmittel für eine Zeit, die den Krieg überdauern. Wir werden so arbeiten und schaffen, daß wir alles, was nötig ist an Rohstoffen, nur im eigenen Lande selbst erzeugen, daß wir keinen anderen brauchen.

Deutschland wird groß und mächtig. Zuerst kommt Danzig dran (lebhafter Beifall), und dann alle die anderen. Die Sozialdemokraten sind hier restlos erledigt. Die kommen nicht wieder. Ihre Führer sind verschwunden (Gelächter). Die Deutschnationale Partei ist auch erledigt. Ich war bei Weise, habe drei Stunden mit ihm geplaudert, es ist mir gelungen, daß die Partei in den letzten Tagen aufgelöst werden wird, nun kommt noch das Zentrum, aber auch die werden beseitigt.

Der Völkerbund hat hier in Danzig nichts mehr zu sagen. Der muß mit seiner Wurzel verschwinden, und er wird vollständig verschwinden. Und mit ihm alle die anderen, ich will Ihnen offen sagen: Polen.

Jetzt liegt es an Euch, ganze Arbeit zu machen. Eine feste geschlossene Volksgemeinschaft zu bilden, die groß und ganz allem gegenübersteht. Es gibt viel Arbeit. Die Partei ist offen, wer mit uns gehen will, wird aufgenommen. Die sechs Monate muß so ernsthaft gearbeitet werden, ein jeder muß schaffen mit all seinen Kräften.

Jetzt müßt Ihr, liebe Parteigenossen, darauf achten, daß hier keine Brandfackel entsteht. Alles in Liebe und Güte vornehmen. Als ich vor acht Tagen mit unserem Führer A. Hitler sprach, legte er mir ans Herz die Worte, still und ruhig zu handeln, keine Brandfackel durch Unbesonnenheit entfachen, sonst ist all die Mühe und Arbeit umsonst gewesen, dann ist Danzig verloren und das deutsche Reich gefährdet. Dann sage ich Ihnen, werden fremde Elemente in unserem deutschen Danzig einziehen, darum noch einmal bitte ich Euch, auf alles zu achten, was um Euch vorgeht, keinen Laut, alles in Ruhe. Nur die paar Monate, dann versichere ich Euch, kommen auch nach dem Verschwinden der Parteien die anderen hinaus, wir sind hier nur eine Institution und das ist die deutsche. Dann wird unser Führer mit großem Jubel in Danzig einziehen (jubelnder Beifall).

Ja, so kam es, genau, wie es Forster prophezeit hatte, Deutschland wurde „groß und mächtig". „Zuerst kam Danzig dran", und der „Hauptfaktor Polen" wurde „erledigt". Mit allen nur erdenklichen Mitteln, mit unerhörten Methoden wurde die Ausrottung des polnischen Volkes betrieben. Daran sich immer wieder zu erinnern, ist notwendig, wenn jetzt die Wiederaufrichtung des polnischen Volkes naturgemäß und berechtigterweise die größten Sühneopfer von uns fordert.

Wir müssen auslöffeln, was wir uns selbst eingebrockt haben. Denn wir haben nicht verhindert, daß derartige Führer zur Herrschaft kamen, deren Nichtswürdigkeit ja früh genug, schon lange vor 1933, aus allen ihren Proklamationen ersichtlich war und deren Schreckensherrschaft nur in einem Volke möglich gewesen ist, das das politische Bewußtsein verloren hatte und in seiner Mehrheit das verderbliche Regime bis zuletzt stützte. Unendlich mühsam arbeiten wir Überlebenden uns aus den Trümmern heraus und sollten doch nun endlich auch innerlich uns zu dem Grundsatz bekennen: „Noch einmal Trümmer? Niemals mehr!"

Wo ist das Bekenntnis des deutschen Volkes? Europa, die Welt warten darauf.

Es wird das Fundament des neuen deutschen Hauses sein.

Aus
Görings Schreibtisch